THE WAREHOUSE

亚马逊的仓库

WORKERS AND ROBOTS AT AMAZON

算法、规训与劳动者的新困境

［意大利］亚历山德罗·戴尔凡提　著
（Alessandro Delfanti）

王佳琪　译

中国科学技术出版社
·北　京·

THE WAREHOUSE: WORKERS AND ROBOTS AT AMAZON

© Alessandro Delfanti, 2021.

First published by Pluto Press, London. www.plutobooks.com

The simplified Chinese translation copyright by China Science and Technology Press Co., Ltd.

All rights reserved.

北京市版权局著作权合同登记　图字：01–2022–5350

图书在版编目（CIP）数据

亚马逊的仓库：算法、规训与劳动者的新困境 /（意）亚历山德罗·戴尔凡提著；王佳琪译 . — 北京：中国科学技术出版社，2023.8

书名原文：THE WAREHOUSE: WORKERS AND ROBOTS AT AMAZON

ISBN 978–7–5046–9939–8

Ⅰ . ①亚… Ⅱ . ①亚… ②王… Ⅲ . ①电子商务—商业企业管理—经验—美国 Ⅳ . ① F737.124.6

中国国家版本馆 CIP 数据核字（2023）第 032358 号

策划编辑	陆存月	责任编辑	杜凡如
封面设计	今亮新声	版式设计	蚂蚁设计
责任校对	张晓莉	责任印制	李晓霖

出　　版	中国科学技术出版社
发　　行	中国科学技术出版社有限公司发行部
地　　址	北京市海淀区中关村南大街 16 号
邮　　编	100081
发行电话	010–62173865
传　　真	010–62173081
网　　址	http://www.cspbooks.com.cn

开　　本	880mm × 1230mm　1/32
字　　数	153 千字
印　　张	8
版　　次	2023 年 8 月第 1 版
印　　次	2023 年 8 月第 1 次印刷
印　　刷	大厂回族自治县彩虹印刷有限公司
书　　号	ISBN 978–7–5046–9939–8/F·1142
定　　价	69.00 元

（凡购买本社图书，如有缺页、倒页、脱页者，本社发行部负责调换）

研究方法

    2017 年至 2021 年，我采访了多名亚马逊仓库的在职和离职员工。他们职级不同（有季节性工人也有仓库经理），岗位覆盖了仓库大部分业务流程和部门。本书便是在这些采访内容的基础上写作而成。采访中，我遇到了并未直接参与运动的工人，也遇到了工作体验感不错的工人，但大多数人还是对亚马逊心存不满，有些希望改善仓库的工作条件，有些希望亚马逊早日关门大吉，或者说，是希望现在的亚马逊关门大吉。我是皮亚琴察人，在研究和工作中经常接触劳工运动，所以本书立场与工人一致。大多数受访者都是意大利地区的员工，但我也与加拿大、美国、德国和西班牙地区的员工交谈过，还采访了其他电商公司的仓库工人。为保护受访者隐私，本书中一律使用假名，隐去工作部门，尽可能改变性别、年龄或工作等易透露身份的信息。在一些案例中，多名受访者被合成了一个角色，也有一位受访者被分成了两个角色。

    除了采访员工，我还下载并分析了亚马逊员工在格拉斯多（Glassdoor）和红迪网（Reddit）等公开网站上留下的数万条评论，观看了相关油管（YouTube）视频和仓库工人制作的其他内容，以上内容均是匿名。此外，我深入三个国家的仓库和企业展销会，进行了多次实地考察，参加了当地和全球工会会议。我还采访了一些工会组织者，与由工人领导的集体和联盟的成员交谈，分析了亚马逊培训材料、招聘广告、专利、致股东的信和网站等公开内容。虽然本人没有在亚马逊工作过，但参加过亚马逊在两个国家举行的招聘活动，亲身经历过季节性工人招聘。我的研究助理布朗温·弗雷（Bronwyn Frey）还在亚马逊人工智能大会 re: MARS 和其他活动上进行了民族志实地观察。

致　谢

　　感谢布朗温·弗雷、米歇尔·潘（Michelle Phan）、苏班亚·西瓦约特（Subhanya Sivajothy）、布兰登·史密斯（Brendan Smith）、泰勒·沃克（Taylor Walker）和亚当·赞德尔（Adam Zendel），以上各位都是多伦多大学的学生，没有他们就没有这本书。感谢艾瑞卡·比德尔（Erika Biddle）在研究和理论等方面提供的帮助。感谢我的编辑马特·戈尔岑（Matt Goerzen）加班加点帮我润色，对此我深表感激。如果没有他，这本书的英文可能不堪卒读。感谢瓦伦蒂娜·卡斯特里尼（Valentina Castellini）多次帮我构思、编辑并最终助我完成了这本书。

　　由加布里埃拉·科尔曼（Gabriella Coleman）组织的麦吉尔大学 Bits, Bots& Bytes 阅读小组给我提供了很多信息，这些信息都被写进了本书中。在莎拉·夏尔马（Sarah Sharma）的带领下，多伦多大学麦克卢汉中心（The McLuhan Centre at the University of Toronto）组织了一次研讨会，对本书的内容进行了讨论，研讨会成果丰硕，帮助我弥补了其中的不足。感谢我的朋友们和同事们：格雷格·阿尔博（Greg Albo）、伊巴·阿里（Hiba Ali）、尼克·艾伦（Nick Allen）、卡利娜·博拉尼奥斯·莱文（Carina Bolaños Lewen）、蒂齐亚诺·博尼尼（Tiziano Bonini）、奥尔加·邦塔利（Olga Bountali）、安东尼奥·卡西利（Antonio Casilli）、丽萨·多里加蒂（Lisa Dorigatti）、尼克·戴尔－维特福德（Nick Dyer–Witheford）、艾米尼·埃尔西奥卢（Emine Elcioglu）、亚历山大·甘迪尼（Alessandro Gandini）、山姆·金丁（Sam Gindin）、丹·瓜达诺洛（Dan Guadagnolo）、奥默·哈克（Omer Hacker）、特罗·卡尔皮（Tero Karppi）、安妮·考恩（Anne Kaun）、塔玛拉·克尼丝（Tamara Kneese）、莉莉·伊兰妮（Lilly Irani）、基拉·鲁西尔（Kira Lussier）、弗朗西斯科·马西莫（Francesco Massimo）、罗恩达·麦克文（Rhonda McEwen）、马西莫·曼西（Massimo Mensi）、谭纳·米尔斯（Tanner Mirrlees）、菲奥伦佐·莫利纳利（Fiorenzo Molinari）、安德里亚·穆勒巴赫（Andrea Muehlebach）、卡洛·帕拉维西尼（Carlo Pallavicini）、朱利安·波萨达（Julian Posada）、莉莉安·拉多瓦奇（Lilian Radovac）、尼克·鲁迪科夫（Nick Rudikoff）、丽萨·斯科菲尔德（Liisa Schofield）、莱斯利·谢德（Leslie Shade）、约翰·索德伯格（Johan Söderberg）、詹姆斯·斯坦霍夫（James Steinhoff）和保拉·图巴罗（Paola Tubaro）。感谢他们花时间

阅读手稿的部分内容，帮我改进其中不足之处。

感谢多伦多大学密西沙加校区传播、文化、信息技术学院提供的学术环境和物质支持，这些支持加快了我写成本书的速度。感谢加拿大社会科学和人文研究委员会国家项目的资助和多伦多大学密西沙加分校研究和学术活动基金的资助。在米兰大学社会和政治科学系访问期间，我开展了部分实地调研工作。感谢我曾参加过的研讨会上的学生，我在他们身上试验了一些想法，他们也给我贡献了很多新想法。看到这句话，他们就会明白为什么当初那些研究作业的主题都是有关亚马逊的了。

多年前，我的朋友芭芭拉（Barbara）从皮亚琴察搬到了西雅图，多次招待我过去玩，这使我偶然间发现皮亚琴察和西雅图之间的联系。在我需要了解经济趋势数据的时候，我的叔叔埃米利奥（Emilio）给我提供了无私的帮助。与我的朋友埃丽卡（Erica）的一次偶然的谈话使我萌发了写这本书的想法。她在电商行业工作，得益于埃丽卡的知识储备，我才成功地把许多信息连点成面。我还要感谢我的老战友法兰奇（Frenchi），他认为皮亚琴察"发明了资本主义"，必受惩罚。感谢他给我的酒，让我在思考皮亚琴察问题的时候有所慰藉。感谢普卢托出版社（Pluto Press）的大卫·舒尔曼（David Shulman）从始至终都支持着我的工作，陪着我一步步写成了这本书。有时候我会拖延交稿，但他总是很有耐心。

我对亚马逊的了解远不及那些全球各地的亚马逊员工，撰写此书只希望能为他们维权贡献自己的力量。感谢那些工会和工人团体的成员花费自己宝贵的时间与我交谈。我还要感谢亚马逊和大型购物网站扎兰多（Zalando）的新闻办公室，在它们的帮助下我参观了履行中心。

最后，我想特别感谢亚马逊和其他公司接受采访的在职、离职员工，感谢他们百忙之中抽出时间与我分享个人的经历与想法。一些人和我成了朋友，还有一些人并不赞成我的观点。

2021 年夏　写于意大利博比奥

目 录

第一章　永不止息

从我的家乡皮亚琴察出发，只需驱车 15 分钟就能到达意大利最早启用、规模最大的亚马逊仓库。沿着 A21 高速一路西行，圣乔瓦尼堡出口右侧便是亚马逊仓库。这座大型建筑代号为 MXP5，不是很高，跨度却有近 400 米。外墙铺满深浅不一的灰色矩形块儿，靠近屋顶处装饰有一条与公司巨型标识上微笑箭头同色的橙线，向过路车主示明自己亚马逊的身份。员工停车场和送货卡车进出场地横亘在仓库与繁忙的公路间。在换工作、搬离意大利之前，我曾在斯特拉代拉工作多年，每天工作往返都会路过这儿。但那时，这儿还没有亚马逊仓库。21 世纪开局十年，亚马逊在营业额实现爆炸式增长后，才在这里建了新工厂。当时，波河河谷大片乡村都被改造成了大型履行中心——战略定位是服务米兰和都灵等主要市场。数百公顷优质农田上现已布满你能想到的所有全球分销商的仓库，如宜家、联邦快递和扎兰多。亚马逊仓库是 2011 年投入使用的，此后每年都有新的公司过来投资，建筑、道路、来往卡车和工人越来越多，寂寂无闻的皮亚琴察逐渐热闹了起来。

把车停在路边，打开手机，用户只需几秒就可以打开亚马逊的网站并完成下单。这儿的亚马逊仓库每天发出几十万个包裹，满负荷运转时甚至能一天处理一百万个包裹。多年来，这一仓库的处理速度都是全欧洲亚马逊仓库仿效的标杆。要实现这一速度，就意味着得有 3000 多名工人轮流值班，在仓库内全天候工作。用户下订单后，仓库人员无法立刻收到消息。因为数据得先从手机端飞速传输到亚马逊某个数据中心，可能是爱尔兰数据中心。之后，公司的云服务器会用算法进行数据分析。如果我往皮亚琴察的家里买东西，比如说，买个新的笔记本，而它刚好存放在 MXP5 仓库，算法就会反馈给仓库的工作人员，他们便会开始检索、打包并配送。如果我是亚马逊超级会员，那么第二天就能收到货物了。大多数人是通过购物了解到亚马逊的。亚马逊将其仓库称为"履行中心"（fulfillment center），简称"FC"，这表明公司目标是迎合客户的需求或创造出可以通过电商来实现的新需求。脸书（Facebook）[①]曾重新定义互联网，现如今，凭借从采购到到户交付的优质服务，面面俱到的亚马逊也正书写着市场定义。消费者足不出户，轻轻松松就能以更低廉的价格买到更多商品，并享受快捷的

[①] 脸书，现已更名为元宇宙（Meta）。——编者注

配送服务。

消费理论认为，需求能促使人们消费。这种需求产生机制多样，既可以是通过营销手段人为促成的，也可以是为了通过消费来定义自我而自发产生的。[1] 至于更日常的购物需求，就更不用说了。我们的消费能力是视情况而定的，取决于复杂的全球供应链，而这些供应链随时都可能崩溃。无论消费需求从何而起，都必须得到满足。但作为消费者，我们的这一身份与社会有着千丝万缕的联系。而当今社会，亚马逊正致力于垄断全球物流，以便 3 亿顾客更快收到所购物品。大多数顾客了解到亚马逊都是因为它安全又便捷，有时候甚至还是能购买到所需商品的唯一平台。亚马逊俨然已成为当今一键即时消费的中流砥柱。

但我并不是以这种方式认识亚马逊的。在初次下单之前，我就已经在皮亚琴察当地报纸《自由报》（*Libertà*）上阅读了许多关于亚马逊的文章了，也从当地员工——我的老同学和朋友那儿听说了许多不为人知的事儿。每逢晚餐聚会或政治会议，我们总不厌其烦地谈论这个话题。从广告牌上的招聘广告、卡车引导标志，到当地的新闻文章，仓库周围区域到处都有亚马逊的身影。新闻中，市长大肆赞扬亚马逊提供了大量就业岗位，但与此同时，环保组织又在谴责车流量增加带来的环境污染。早在成为指定交货地之前，亚马逊就在皮亚琴察家喻户晓了。随着包裹从MXP5运往更现代、更繁华的米兰大都市，我们得到了更多的工作机会，但薪资和工作环境不尽如人意，当地环境也在日益恶化。后来，这引起了全国，甚至是国际层面的关注。谁能想到，圣乔瓦尼堡仓库的罢工事件以及发生在皮亚琴察的相关事件会被刊登在《华盛顿邮报》（The Washington Post）上呢？这份美国主流报纸的老板可就是亚马逊的创始人、时任首席执行官和最大股东杰夫·贝佐斯，真是出人意料。

但这确实发生了。2017年11月24日，数百名MXP5仓库的工人发起了罢工行动，就在几个月前，亚马逊才同意工会进入仓库。其实，皮亚琴察人对这种事情已经习以为常了，不过就是当地物流设施的又一次瘫痪。这一行的工人常年亢奋，时不时会公然抗议。但对更多人来说，这事儿还是很新奇的：MXP5仓库的员工是世界各地员工中首批敢于正面攻击亚马逊"帝国"的人。此后几年里，在欧洲和北美，亚马逊有组织的罢工事件越来越多，逐渐成为斗争的摇篮，象征着资本不受约束的权力和工人的反抗。MXP5员工首次罢工恰逢"黑色星期五"，这天，许多零售店都会促销打折，意大利和其他国家的亚马逊仓库通常都忙得不可开交。就在同一天，贝佐斯的身价上涨到了1000亿美元，成了全球首富（至少当时是这样的）。所以，皮亚琴察罢工事件足以引起短暂的全球关注。

揭秘亚马逊

卡尔·马克思在《资本论》开篇写道："资本主义制度下的社会财富表现为一种惊人的庞大的商品堆积。"[2] 当然，如果商品无法从生产走向市场，商品堆积就什么也不是。照此推断，对于一个仓库来说，大量流通货物就可以创造财富。如果仓库就是上文所说的"堆积货物"的地方，那么想要满足消费者的需求，这些货物就必须要挪窝，要持续流通起来，积压在仓库里是无法产生价值的。

但商品自己又不会流通。多亏了一系列技术系统的支持，亚马逊才能在提供送货上门服务的同时又不触碰贝佐斯的利润底线。这些技术系统组织着公司的大量工人，加快了工作速度，但也加剧了工作岗位的不稳定性。工人与由软件和机器构成的复杂基础设施协同工作，并在其指导下实现商品流通。当我们收到亚马逊快递时，我们并不会联想到包裹背后的那些人或事物，如飞机、卡车、数据中心以及参与进去的员工，更不会思考亚马逊员工都经历了什么事情。接下来，让我们来看看亚马逊的季节性工人茱莉亚（Giulia）的故事。茱莉亚刚结束了几个月的工作，离开了 MXP5 仓库。此前，亚马逊通过一家中介公司聘用了她，合同有效期至冬季购物旺季之后，此后不再续约。除了亚马逊前雇员这一身份，茱莉亚还是亚马逊平台的消费者。

当我与她在亚马逊仓库不远处的咖啡馆初次交谈时，茱莉亚坦言，当亚马逊消费者和履行中心的工人是两种截然不同的体验：

> 试想一下，那些在亚马逊下单的人可能并不清楚，自己在家门口轻轻松松就收到的快递背后涉及的人力和物力。有次我在亚马逊买了个东西，收到的快递盒居然是我之前亲手打包的。之后，我就把这个快递盒挂到墙上，并写上"不要忘记"。

其他几十个与我交谈过的亚马逊工人肯定也有过类似的经历。亚马逊在全球范围内约有 200 个履行中心，它们支持着电商业务的发展。每个履行中心占地数十万平方米，聘用了数千名工人。用企业行话来说，这些人是"工人"，但他们还有个非正式称呼叫"亚马逊人"。正如亚马逊广告所描述的那样，这些履行中心的大楼"看起来普普通通"，驱车经过时，又惹人注目。但我们能看到的只有仓库外部，内部或周围发生的事情往往就不为人知了。厚厚的墙壁内，参与仓库运作的那些工人，往往被资本掩埋，不见天日。依靠自动化，如今企业能够飞速完成工作，工人劳动也逐渐淡出消费者视野。但其实，整个工作过程还是需要工人参与的。意大利哲学家罗伯托·奇卡雷利（Roberto Ciccarelli）写过一本阐释数字革命黑暗面的书，其中，奇卡雷利告诉我们："劳动相当于为电路和自动装置供电，支撑着产品生产与价值创造。"换句话说，没有了劳动，亚马逊这样的公司就难以为继。[3]而且，与商品和机器不同，任何资本家都无法买到劳动，能买到、操控并约束的只有劳动者身上的劳动力，劳动潜力也仅为工人所有。所以，亚马逊热衷于购买劳动力。截至2021年年初，亚马逊已拥有120万名员工，是世界上最大的私营企业之一，仅次于拥有200多万名员工的沃尔玛。2011年，亚马逊还只有3万名员工，对比之下，这一发展速度着实让人震惊。这些员工分布在全球各地。亚马逊将总部设在西雅图，并以此为中心往外开设了多个办事处、园区、数据中心及仓库（如MXP5），它们共同构成了巨大的全球网络，横跨北美、欧洲和亚洲。

除去大规模吸纳员工，亚马逊还有很多行为都令人费解。贝佐斯常说，亚马逊"愿意被误解"。也就是说，亚马逊并不在意竞争对手、投资者或公众是否理解其战略。[4]亚马逊也并不在意那些工人、工会、公立机构怎么想。例如，在2017年的罢工事件后，国家政府代表召开了一场会议，供工会与公司之间达成协议，但MXP5仓库的管理人员并未出席，这多少有点令人匪夷所思。对此，亚马逊未做任何回应，只甩给工会一句"我们不期望被理解"。所以，靠亚马逊是不行了，或许只有依靠工人，我们才能揭开亚马逊帝国背后的真相。

MXP5的员工只占全球众多亚马逊员工的一小部分，全体亚马逊员工分布在各仓库和配送中心网络上。只有在全国或国际工会会议上，或是在网络论坛上，他们才能遇到来自其他履行中心的同事。成千上万的工人会聚在一起，分享自己的经历，讨论生存技巧，抒发对公司的不满。不过，与其他公司不同，亚马逊在哪儿的管理模式都一样，所以员工的经历都差不多。亚马逊仓库的设计和运营是高度集中的，因此，其财富和硬实力积累过程中消耗的人力映射出了一个全球剥削体系——很多地方都有这种体系，比如美国的郊区和欧洲的非工业化大都市。虽说不同地方肯定有地域差异，但圣乔瓦尼堡地区仓库员工接触到的技术、工作文化以及战略与其他地方的并无差别，他们反对的都是同一套权力结构和劳动组织方式。各地履行中心在设备方面用的都是亚马逊的创新技术，在管理方面套用的也都是昔日工厂里用的专制主义管理。正如硬币有正反两面，我们顾客所熟知的企业形象也只是硬币的一面。亚马逊展现出了技术的颠覆性力量和过度的消费主义，但同时也引发了工作退化。亚马逊式资本主义，与支撑该公司的经济体系一样，被认为是对工人、其他企业和环境的贪婪掠夺[5]，需要被抵制。

进击的亚马逊

亚马逊为自己的永不止息而自豪。这么多年来，这个词贯穿了亚马逊的发展史，也在杰夫·贝佐斯的演讲和每年致股东的信中反复出现。事实上，贝佐斯曾想将公司命名为"永不止息"（Relentless），且直到现在，亚马逊仍在使用带有"relentless"的域名，在浏览器中输入"relentless.com"，就能直接打开亚马逊主页。贝佐斯说过，"每一天都是创业的第一天"，所以多年以来亚马逊一直秉承着创业之初的"永不止息"。现如今，亚马逊都已经是世界上最大的公司之一了，却仍然坚信自己是一家需要快速发展和不断超越的初创公司，且永远不满足于现状。不过确实，不管是从轮班倒、随时待命、服务紧要关头等工作要求，还是从其让人竭尽全力奉献自己的公司文化来看，亚马逊都透着浓浓的初创公司味儿，仓库员工对这一点深有体会。在硅谷的初创公司里，技术、管理手段和文化等诸多因素致使提高生产力的重任全压在了程序员身上，这种情况正日益扩散到越来越多的劳动力部门。贝佐斯曾多次强调，自己的目标是通过亚马逊长久地推动消费演变，但他很少谈及亚马逊是如何在深层次上影响广泛的工作实践的。亚马逊有能力重塑社会结构，重新定义企业权力的作用，并塑造对资本有利的未来工作。

亚马逊刚成立时，还只是一家不起眼的小公司，之后便开始飞速扩张。1994 年，贝佐斯创立了亚马逊网上书店，试图抓住商业互联网带来的新机遇。但他的野心绝不仅限于此，书店只是贝佐斯一次成功的尝试。由于空间限制，实体书店最多只能容纳数千本书。对比之下，仓库能存放的书可就多了。各种书的形状和重量都差不多，易于储存，还有套完善的编码系统，可供随时查找。起初，亚马逊在西雅图附近的一个仓库里运营。但正如前面说的，贝佐斯想要的绝不只是这些。19世纪出现了一种新的商业模式——目录邮购，由此催生了美国西尔斯（Sears）、意大利邮政市场（Postalmarket）和加拿大伊顿（Eaton Co.）等大型公司。贝佐斯的此番计划就是要将目录邮购数字化，搬上互联网。1998年，亚马逊开始销售音乐和DVD，并很快又增加了家居用品、玩具和视频游戏。21世纪初，亚马逊业务又扩展到了健康和个护产品、美食、体育以及户外用品。2005年，亚马逊推出了超级会员订阅计划，只需开通便可以享受免费送货上门、次日达等特殊服务。如今，全世界数百个城市的用户都能购买这一订阅计划。不管是饼干、电子产品、自行车，还是家用电器，亚马逊应有尽有。根据最近的估计，在美国，亚马逊已占据电商市场一半份额。在一些缺乏竞争的国家，份额甚至更高。比如，在意大利，亚马逊的市场份额占到了60%。

随着亚马逊业务的拓展，现在它已经不仅仅是一家电商公司了，电商也不再是公司的主要利润来源。这听起来难以置信，但的确如此。由于亚马逊规模庞大且存在产品差异化，我们很难看清它的全貌，对其进行全面把握。比如，其下的亚马逊云科技（Amazon Web Services，AWS），是世界上最大的网络空间和算力提供商，网飞（Netflix）、拼趣（Pinterest）、爱彼迎（Airbnb）和优步（Uber）等服务都是在这一平台运行的。除此之外，亚马逊还开发了一些商业软件技术，如它的"一键式"在线支付服务。借助亚马逊众包平台机械特克（Amazon Mechanical Turk，AMT），企业能够远程聘用"特克族"协助完成那些机器尚无法独立处理的任务，如识别图片内容、标记、清洗数据或编写产品说明。平台将任务分解成很多部分，分别外包给"特克族"。只要你的电脑能联网，你就能在 AMT 上注册赚钱。[6] 此外，亚马逊还拥有面部识别软件 Rekognition，并将面部识别监控技术出售给了政府。Kindle 电子阅读器和 Fire 平板电脑等电子设备也是亚马逊公司的产品。智能家居产品 Echo 上配有基于自然语言处理算法的语音助手 Alexa。亚马逊拥有并运营着流媒体平台 Prime Video，平台上架的电影和电视剧大多都是由亚马逊工作室（Amazon Studios）制作的。Amazon Go 自动化连锁便利店也开始运营。此外，亚马逊还开设了许多子公司，业务不仅涵盖游戏流媒体平台 Twitch，还包括有机商品连锁超市全食超市（Whole Foods）。

　　亚马逊主要靠提供网络服务获利。同样是投入一美元，亚马逊云科技产生的利润比其他投资多十倍。也就是说，虽然履行中心和超级会员订阅计划等服务的营业额比云科技高，利润却并不可观。相反，云科技给公司带来了大量资金流，这才使亚马逊能在全球范围内不停地建新仓库，扩大电商业务，并在越来越多的国家发展到近乎垄断的地位。

亚马逊决定将资金集中用于技术变革，这意味着亚马逊的影响力正从仓库辐射到整个社会，它有能力深刻影响我们的工作方式。为什么会这样？道理很简单。不管是在仓库内大规模应用机器人，还是通过算法来监控工人，获取他们的工作数据，亚马逊都在坚持不懈地提高仓库的技术创新速度。其他公司只能被迫采用类似的技术，因为只有这样才有可能追上亚马逊。但随着复杂新技术的广泛应用，需要的工人更多了，工作的不稳定性也增加了。

数十亿商品的流通也体现出亚马逊"永不止息"这一特征。这些商品在全球范围内流动，汇集到仓库，在货架上待几小时或几周，就要再次出发，到达新的目的地。这一过程必须无缝衔接且快速高效。甚至就像经济学家所说的那样，整个过程顺滑到像没有摩擦。工人是实现这一点的关键因素，所以公司必须对工人严加管理，以防他们怠工、减缓甚至阻碍商品流动。[7]亚马逊正处于数字资本主义的前沿，它擅长利用数字技术使权力和财富的私人积累最大化。但鉴于工人在这一过程中如此重要，亚马逊也自然是全球反对劳工势力的先锋，在仓库中设计并应用了有关技术。这些技术刚好能满足亚马逊对控制、速度、金钱的迷恋。工厂里的那些基础设施，压根儿不是在解放工人，而是在剥削。

在亚马逊工作是份苦差事，这事儿人尽皆知。在欧洲和北美的记者中甚至已经逐渐形成了一支成熟流派，秘密调查亚马逊履行中心的情况。亚马逊俨然已经成了现代网络迷因中最"浓墨重彩"的一笔。意大利一家讽刺性新闻组织曾有一篇文章，标题为《亚马逊员工为休息几分钟将自己打包运回家》（"Amazon employee boxes and ships herself home to get a few minutes of break"），这一调侃并非空穴来风。贝佐斯本人也曾多次承认"在亚马逊工作不容易[8]，上到西雅图光鲜亮丽的行政办公人员，下到仓库里的工人，我们一律要求他们有自我牺牲精神"。

有关亚马逊的书很多，通常都是机场书店里随处可见的商业手册，针对的目标人群是企业高管，或者是想成为企业高管的人（其中有本书，在每一章的末尾都提供了空白页，供读者写下对公司的思考和建议[9]）。作者通常是商业记者、顾问或商学院教授，他们倾向于将贝佐斯刻画成当代创业和创新的英雄人物，但即便如此，字里行间也不可避免地透露出贝佐斯脾气大还看不起工人。他对谁都发脾气，白领也不例外。在这些书中，有一本写得很好，作者是商业记者布拉德·斯通（Brad Stone）。据他透露，大家都知道贝佐斯常在公共场合对员工大喊大叫，有时还会在电梯里解聘他们。接受斯通采访的亚马逊员工表示，贝佐斯冷酷无情，没有同理心，将工人视作可消耗的资源。[10]2015 年《纽约时报》(New York Times)上一篇文章也揭露了亚马逊残酷的管理模式。在亚马逊，员工在办公桌前哭泣是常有的事儿。他们需要接受绩效指标考核，公司还鼓励员工互相揭短。在这样的管理模式下，员工健康状况堪忧，甚至流产，无奈辞职。[11]这都是工程师和高管的亲身经历。

设想一下，仓库工人们在这样一种不健康的节奏下工作，还被远程算法安排着任务，被无孔不入的监控监视着一举一动。他们的工作数据被亚马逊的软件系统捕获和垄断，然后被输送到运行仓库和组织执行过程的机器中。亚马逊人员流动率高，但这都是设定好的，因为仓库奉行优胜劣汰，只有适合亚马逊这种快节奏工作的人才能留下。亚马逊管理部门提倡预测市场需求量，这样就能及时调整工人规模，满足波动的市场需求。亚马逊的管理方法既明确又有点微妙。监管人员既直接与工人接触，又借助数字技术。同时，公司还培养了一种工作文化，给员工"洗脑"，让他们觉得在仓库工作很有趣。这一套操作下来，情况就有点令人担忧了。这还只是开始，亚马逊还计划在未来打造出技术更密集的履行中心，到时候工人会受到机器更严苛的控制，工作过程也越来越"自动化"。

新冠疫情进一步强化了这一趋势。疫情期间，亚马逊扩大了工人规模，电子商务迅速发展成为其零售业的主导领域。其实这也不是什么新鲜事，企业经常利用系统性危机并从中获益，这被纳奥米·克莱因（Naomi Klein）称为"灾难资本主义"。[12] 不过，很少有公司比亚马逊更会利用危机。之前，大量的风险资本涌入那些专注互联网业务的公司（如早期的电子商务公司宠物用品零售商 Pets.com），引发了互联网泡沫。随后，2000 年，泡沫破灭，许多竞争者破产，唯独亚马逊幸存下来，一改其在利基市场的地位，摇身一变进入了数字经济的中心。为什么当其他公司随着泡沫的破灭而倒闭时，亚马逊却蓬勃发展？因为它设法获得了足够的资金，才能在破产和无力偿还的浪潮之上破劫而出。2001 年第四季度，数以百计的互联网公司纷纷倒闭，亚马逊却在这时首次实现了盈利，每股收益达到了 1 美分。2008 年经济大衰退后，亚马逊借着欧洲和北美地区的失业、负债和劳工权利崩溃的浪头，吸纳了大量员工。公司全球员工从 2008 年的 2 万人一下子增长到了 2013 年的 10 多万人，每年增长率超过 30%，2011 年的增长率更是高达 66%。

2020—2021 年，新冠疫情对亚马逊来说是一次完美危机，既扩大了电子商务和网络服务的市场，又使数百万工人失业。亚马逊新聘用了数十万名仓库工人，以应对疫情下的电商销量激增。2021 年年初，亚马逊的全球员工数量比 2019 年增长了 62%，营业收入也从 2019 年的 2800 亿美元增加到 2020 年的 3800 亿美元。贝佐斯在 2021 年年初辞去首席执行官职务时，个人财富已接近 2000 亿美元，成了地球上有史以来最富裕的人。新冠疫情大背景下，亚马逊成了人们的最佳选择。他们无法外出，所以使用互联网的时间急剧增加。于是，那些依赖亚马逊云科技服务器的公司的需求也随之增加，亚马逊由此获利。例如，远程会议公司 Zoom 是亚马逊云科技平台的客户，疫情期间线下办公和教学转为线上会议和讲座，Zoom 的用户数量成倍增加。更重要的一点是，新冠疫情期间的大规模封锁，加之人们害怕被感染，这些因素进一步拉动了网购销量，尤其是在一些市场被亚马逊主导的国家。

一夜之间，亚马逊的工人变得格外重要。2020 年 3 月，在意大利北部新冠疫情第一波高峰期间，一名快递员在为亚马逊送货时拍摄了一段手机视频。这段视频很快在聊天应用程序 WhatsApp 上疯传，这名工人戴着医疗面罩说：“别担心，亚马逊还没停工呢，你会按时收到你那让人讨厌的 Hello Kitty 手机壳的！”

在这种情况下，工人对亚马逊消费者有怒气是可以理解的。但是对公司的埋怨呢？亚马逊营业额在 2020 年期间大幅增长，贝佐斯甚至能在年底给每个亚马逊员工分 10 万美元后，其个人财富依然维持在新冠疫情前的水平。[13] 但疫情给 MXP5

仓库造成了严重的打击，让工人陷入更多的麻烦和恐惧之中。皮亚琴察是最早的疫情暴发地之一，这个小地方人口还不到30万，两个月内就死了1000人。仓库很快就统计了感染新型冠状病毒的员工人数。尽管如此，在第一次封锁期间，当许多市民在家隔离，只能听见外面救护车在路上驶过的声音时，MXP5员工还在全天候工作，以应对需求增加。这一年亚马逊赚得盆满钵满，工人的工作条件却仍然没能得到改善。多亏了2017年工会入驻仓库并在MXP5仓库发起了罢工，一小部分幸运的亚马逊履行中心的工人成功通过谈判改善了工作条件。例如，夜班大幅加薪。新冠疫情期间，他们也像全球其他亚马逊工人一样，获得了几个月的小幅加薪（也叫作"新冠疫情工资"）和少量现金奖励。但在2020年春天，为让公司提供足够的个人防护装备，解决一些基本问题，MXP5员工不得不再次动员起来罢工，这次战线很长。

罢工期间，贝佐斯忙着赚更多的钱。在视频游戏《你是杰夫·贝佐斯》（*You are Jeff Bezos*）中，玩家的任务是花掉他的钱，这可不是一件容易的事。仅是贡献出贝佐斯财产的10%就能让每个亚马逊员工的工资翻倍。那剩下的90%呢？你可以用这笔钱给美国的流浪汉一个家（只需200亿美元），甚至还可以支付个人税款（577.2亿美元巨款）[14]。亚马逊的估值为1.65万亿美元，比澳大利亚或加拿大等富裕国家的GDP还要高，就连 GDP 为 2 万亿美元的意大利也没比亚马逊高多少。要是没有反垄断法，亚马逊估计早就发了更多财了，就像但丁在《地狱》中写的那样，这头野兽"贪婪的欲望深不见底，饱餐后反倒比之前更加饥肠辘辘"。[15]

数字资本主义的前哨

之所以举皮亚琴察的例子，不仅是因为它是我的故乡，也因为此前，皮亚琴察就陷入了窘境：一会儿像是全球贸易网络的中心，一会儿又像是处在全球贸易网络的最边缘。法国现代历史学家费尔南·布罗代尔（Fernand Braudel）曾说过："皮亚琴察是使整个西方经济跳动不息的心脏。"[16]16 世纪末和 17 世纪初，热那亚的银行家们选择了皮亚琴察作为季度交易会的举办地。不像那些喧闹的节日，在交易会期间，欧洲各地的商人会聚到一起进行交易。皮亚琴察交易会是所有热那亚银行家生命中的一个重要插曲。当时，王室违约后，热那亚银行家和德国富格尔家族继续放贷给哈布斯堡家族，在此过程中，富格尔家族不幸破产。这也是资本主义历史上的一个重要事件：经济学家乔万尼·阿里吉（Giovanni Arrighi）将热那亚银行家领导下的金融业崛起称为"第一个系统性的积累周期"。[17]皮亚琴察位于波河和艾米利亚大道之间的十字路口地带，位置便利，这是它被选为交易会举办地的一大原因。布罗代尔补充说，也有可能是因为它比较"低调"。

亚马逊在皮亚琴察开设仓库肯定也是考虑到了这些原因。今天的皮亚琴察，又开始像当初一样熙熙攘攘，但又很低调，远离公众视线，可谓是又中心又边缘。以前在皮亚琴察交易的是信用证，而今在此流通的是商品。金融业已经转移到了更远的米兰、伦敦和纽约。但皮亚琴察仍然是公路和铁路网的中心，一直延伸到意大利北部和其他地区的城市中心。如今皮亚琴察已经变成了波河河谷中部地区的主要物流枢纽，是连接全球经济各中心点的商品流的核心枢纽。[18] 和其他遍布亚马逊业务的地区相比，皮亚琴察就像洛杉矶附近的内陆帝国、大多伦多地区的皮尔区或巴塞罗那附近的埃普拉特约布里加一样不起眼。这些地方都属于大都市的内陆地区，就像菲尔·尼尔（Phil Neel）描述蓬勃发展的去工业化郊区时说的那样，充斥着物流综合体、工厂、分布杂乱的住宅区、残存的农村和高速公路。[19] 皮亚琴察没有城区那些设计和销售商品的高楼大厦，却坐落着亚马逊电商帝国跳动不息的心脏——MXP5 仓库。

和许多其他仓库一样，MXP5 仓库因靠近富裕的城市市场而受益。但这一出于战略考虑的选址也导致了工人们被恶意剥削，影响恶劣。例如，波兰仓库的工人每小时只能赚 3 欧元，他们运送的包裹服务于德国市场。但要是直接将仓库设在德国，每小时就要付给当地工人 11 欧元。[20] 不过对于其他仓库来说，设在哪儿取决于哪儿能招到更多工人。许多服务于大多伦多地区的仓库都位于布兰普顿，这是一个快速发展的城市，有着规模很大的南亚社区，所以符合条件。但开设仓库后，交通压力增大，对环境造成了恶劣影响。新冠疫情之下，亚马逊仓库空间逼仄、病假工资难领，这些无不影响着社区里的那些外来人。城市和国家地理位置本就带来了不公，亚马逊还利用并加剧了这种不公。

在 MXP5 和其他仓库工人眼里，亚马逊的西雅图总部让人感觉遥不可及，米兰的国家办事处也是如此。老员工佩皮诺（Peppino）向我描述说："楼里到处都是摄像头和保镖"。在那里，一群西装革履的人，压根儿不知道仓库里发生了什么，却大手一挥，决定着工人的命运。他还说："你甚至都无法接近这些人。"然而，圣乔瓦尼堡和西雅图又是被一张密集的联系网连接着的，所有事物、人员、数据、金钱，都依靠这张网络流通。MXP5 比较偏僻，基础设施有些跟不上。不仅缺少由沥青、混凝土和光纤组成的"硬"基础设施，还缺少由代码和数据构成的"软"基础设施。软硬件基础设施共同服务于奈德·罗斯（Ned Rossiter）所说的"物流媒体"：物流媒体是协调和控制全球物流流通的技术，是物流的基础。[21] 这些技术构成了可以让商品高效流通的物流操作系统。贝佐斯认为，二者是不可分割的："我们将亚马逊的物流体系，整合为一套网络服务 API，将我们的履行中心变成了庞大而复杂的计算机外围设备。"这一设施进而又连接到更为广泛的物流系统上。[22]

这一大型操作系统正在不停扩张。除了西雅图，亚马逊在其他城市也有总部和园区，比如卢森堡和印度。亚马逊在很多城市都有办公室和数据中心；在欧洲、北美、亚洲有数千个仓库组成的庞大网络，并计划扩展到南美洲。履行中心是这一操作系统主要的外围设备，通常都是巨大的郊区仓库，员工数量在 1000 到 5000 人，且随时波动，全取决于履行中心的规模、自动化程度和淡旺季。履行中心通常以所在地的主要国际机场命名。例如，米兰市的主要交通枢纽马尔彭萨机场的代码是 MXP，所以圣乔瓦尼堡履行中心就被命名为 MXP5。多伦多主要机场皮尔逊国际机场的代码是 YYZ，所以周围的履行中心就被命名为 YYZ1、YYZ2 等。同理，靠近西雅图的叫 SEA8，靠近巴塞罗那的叫 BCN1，靠近爱丁堡的叫 EDI1。履行中心还可以根据其他标准进一步分类。"可分拣"的中心内存储着可以由工人处理的物品，但也有一定程度的自动化。"不可分拣"的履行中心存储着较大件的商品，例如自行车或洗衣机，需由机器人操作。

履行中心需要背靠消费多的大都市，但又要远离市中心，因为商品流通依赖广阔的空间和靠近机场的公路。数以千计的小型仓库分布在履行中心周围，或者没有履行中心的小城市内，作为履行中心的补充。它们通常都是分拣中心、接收中心和交付站。这些小仓库在亚马逊算法的指导下，从履行中心接收库存或包裹，进行分拣并交付给最终客户。亚马逊开设新的履行中心的原因有很多，不仅仅是服务于地理上的业务扩张。每开设一个新的仓库或添加新的收款账户，亚马逊都是为了使其网络更密集、更灵活。例如，MXP5 履行中心就连接着一个仓库网络，网络包括罗马附近的机器人可分拣履行中心（FCO1）、维切里附近的不可分拣履行中心（MXP3），以及覆盖大多数主要城市市中心的数十个小型仓库。还有更多仓库正在建造中。

　　亚马逊全球员工中，绝大多数都在仓库工作，但亚马逊的电商业务之所以能在全球运营，靠的不仅仅是履行中心里那些负责搬运货物的工人和机器人。数以千计的工程师和程序员遍布在亚马逊西雅图市中心的总部以及多伦多、米兰等城市的市中心，以确保客户能够在线下单或通过 Alexa 购买商品。除此之外，还有数百名员工负责营销、销售、管理和行政。他们借助在全球数据中心网络中运行的软件代码，支撑着亚马逊电商网站和仓库的运作。送货环节也需要员工参与进来。在美国、英国等国家，送货是外包给通过亚马逊零工经济应用程序 Amazon Flex 聘用的司机。顾客其实也算是为亚马逊提供了劳动力，还是无偿的，他们允许亚马逊监测自己的行为数据。例如，和 Alexa 的对话内容，在亚马逊官网或意大利亚马逊网站留下的产品评论。[23] 劳动力的各种分工很复杂，很难完整表达。亚马逊依靠算法来协调这个全球链条，链条中的这些连接在地理上分散，但它们通过数据、资金和商品流通来相互连接。[24]

劳工学者乌苏拉·胡斯（Ursula Huws）将这种全球分工定义为"断裂"。这一分工不仅包括由公司直接聘用的核心工人——那些胡斯称之为"内部人员"的劳动力——还包括那些通过外包进入公司的远程工人。此外，还有许多人在这两种身份间游走。[25] 虽然贝佐斯将履行中心描述成外围设备，从劳动力方面来看，它们却是整个公司的核心。谈到数字资本主义下的工作，我们容易联想到城市里"超连接"的员工，如旧金山的程序员、柏林的送餐员、德里的社交媒体内容审核员，压根儿不会想到皮亚琴察，但它恰是郊区外围工作的一个例子。在皮亚琴察，新的工作图景正拉开序幕。2000 年，我还是不稳定的工人群体中的一员。那时候，工人们都认为郊区的商场才是当代资本主义的前哨，那儿满足了消费者的消费主义思想，又给工人提供了全职工作，是资本对劳工进军的重要战场和政治目标。人类学家马克·奥格（Marc Auge）认为商场、机场和外包呼叫中心属于"非场所"（non-places）[26]，但事实是，这些场所都是打响劳动力争夺战的起点。

随着电子商务日渐成为消费的主导形式，仓库取代了商场，成为今天当代资本主义意识形态、组织和政治上的前线。目前，对未来工作的争夺，越来越多地在郊区的仓库中进行，尤其是亚马逊的仓库。

救赎的神话

除了工作、卡车和混凝土，亚马逊给皮亚琴察和其他几十个仓库所在的郊区带去的东西堪称"神话"：因为其颠覆性地将新技术用于消费和工作之中，亚马逊很有可能可以带领当地人民实现现代化、经济发展甚至是个人解放。但这一切都基于一种假设，即当地社会愿意把这一切任务都交给设计、实施和拥有技术的跨国巨头公司。

这种数字资本主义体现出一定的神话意味，就像一些描述缘起、英雄与救赎的故事。举个大家可能都听过的例子：几个在车库里靠着修修补补维生的年轻人，凭着一己之力彻底改变，或者从零创造出整个行业，赚得数十亿美元。车库是这个神话的重要组成元素。这里我们谈论的不是 MXP5 仓库的工人上完十小时班后停放汽车的车库，也不是亚马逊 Flex 快递员存放着成堆待送包裹的车库，而是创新车库。在创新车库中，个人能不受旧习惯的限制，在风险资本的资助下将简单的想法变成可销售的数字商品。这一车库神话在加利福尼亚深入人心：威

廉·休利特（William Hewlett）和戴维·帕卡德（David Packard）
的帕洛阿尔托后院小屋被美国国家史迹名录列为"硅谷的发源
地"。史蒂夫·乔布斯父母家的车库最近被洛斯阿尔托斯市定
为"历史遗产"。这些车库甚至变成了非正式的博物馆，每年
接待数以千计的游客。有些游客甚至特意乘坐旅游巴士，组
团来参观。在加利福尼亚历史学家马里奥·比亚焦利（Mario
Biagioli）看来，车库已经成为当代话语中的重要修辞，用来
神话当代创新起源，尤其是男性创新。因为从严格意义上来
说，车库是男人的空间。[27]贝佐斯也是在车库里创办亚马逊的，
尽管不在加利福尼亚。除了车库神话，亚马逊的起源神话也可
以是这样的：1994 年，贝佐斯辞去了利润丰厚但乏味的华尔
街对冲基金工作，在从纽约开车到西雅图的途中写了一份商业
计划书，之后便和家人合资创立了亚马逊。

　　英雄企业家救赎和成功的神话一路流传，到了亚马逊
仓库。在那儿，亚马逊的工作充满了救赎意味。通过工作实
现救赎这一想法并不是什么新鲜事儿，这是现在社会的通
病。20 世纪 60 年代初期，激进的社会学家罗曼诺·阿尔卡
蒂（Romano Alquati）就指出，20 世纪中期，意大利工厂文化
就喜欢做一些与解放有关的"神话"或"崇拜"。这种文化多
针对的是那些移民工人，第二次世界大战后他们从南部农村
搬到了北部。之后，意大利经济开始发展，涌现出了菲亚特

（FIAT）、好利获得（Olivetti）等旗舰公司。移民工人便在这些公司从事制造业工作。这样一来，他们摆脱了原来落后的农村生活，还有了稳定的收入和退休后的养老金。此外，他们还能参与到技术先进的生产过程中——在工业资本主义的流水线上工作。亚马逊做的，无非就是照搬意大利工厂曾经的做法。在意大利，亚马逊将自己定位为一家以员工为中心的公司，专注于为不成熟的劳动力市场提供稳定的就业机会——这对受到金融危机冲击、缺乏再培训和提高技能机会的劳动者来说是个福音。因此，亚马逊成功延续了意大利资本主义的历史轨迹，但与此同时，也把美国数字公司那一套引入了当地工作中。

数字资本主义为工业资本主义发展经济、解放社会的承诺注入了新的元素。数字资本主义文化不是简单地用机器人或算法取代流水线，而是将自由主义意识形态与创新元素混合在一起，神话的核心是个人主义。新的信息技术与自由市场元素的结合使企业家具有解放工人的潜力。[28] 此外，数字资本主义公司表示，他们的存在是为了改变世界，让人们快乐，为每个人创造价值，而不仅仅是为投资者创造价值——这算得上是技术乐观主义者的至高理想了。[29] 就像谷歌曾经喊过的口号——当你的首要原则是不作恶时，你就不太可能会造成什么不良影响。这些口号太不切实际了。

亚马逊在员工身上践行着数字资本主义的神话。公司文件中甚至说每个人都是亚马逊的"主人公"。对手握公司股份的工程师和高管来说，这句话是相当真实的，但对仓库工人来说，这句话简直堪比神话，形象地在精神上将公司命运与员工捆绑在了一起。仓库中使用的管理技术也进一步印证着这一神话，正如公司口号那样，亚马逊希望员工在工作中享受乐趣，创造历史。这一神话会让人觉得，数字资本主义是不可替代的。我们只能与其合作，那些跟不上、不适应或不愿意服从的人注定失败。

神话不仅仅是指那些老故事或错误的信念，也可以是帮助我们理解这个世界的一些想法。数字资本主义的神话本身并不是简单的虚构，它有着非常切实的影响。对于大科技公司来说，数字资本主义的神话对世界有着积极贡献，有助于吸引工人和投资，提升企业在金融市场上的价值。具体来看，参与高科技生产而获得救赎的神话已经影响了很多国家和地区的经济和文化。比如，媒体研究学者中村莉莎（Lisa Nakamura）就讲述了 20 世纪 70 年代，在新墨西哥州纳瓦霍经营的电子制造商是如何为聘用原住民妇女的行为辩护的。微芯片生产中的劳动被说成是赋予纳瓦霍妇女权利——这些描述纯属是种族主义的刻板印象。[30] 皮亚琴察与纳瓦霍是两个截然不同的地方，但这儿的很多人也相信，外来的美国数字资本主义可以驱动集体现代化和个人解放。他们以不同的方式，甚至是截然相反的方式，奉行着这一信仰。有些人提供资源，例如，意大利政府在 2020 年推出了 15 亿美元的国有风险投资基金，支持初创公司，希望它们能促进当地经济增长。另一些人则出售资源，例如，在失业率高的小镇，镇长们争相兜售新开垦的农田和可供聘用的大批劳动力，试图吸引亚马逊在当地设立履行中心。多年来，圣乔瓦尼堡的镇长一直将 MXP5 仓库视作当地的发展驱动力和自豪感来源。这种现象并不是只在意大利有。美国的一些市长们也常被引述，称赞亚马逊新设施的到来对他们的城市来说是一件"美妙"的事情，具有"不朽"的意义。[31]

亚马逊的企业口号也体现了数字资本主义的神话。企业口号的核心是通过刻画英雄企业家打败过去之神的故事，来赋予亚马逊价值。亚马逊反复宣传公司的一些口号（如所谓的领导原则），并将它们挂在仓库的各个角落。虽然亚马逊在公司网站上称这些标识"不仅仅是鼓舞人心的装饰品"，但听起来就只起到了装饰作用而已。"顾客至上"可能是这些口号里最有名的一个，这个口号抓住了专注于客户需求的战略目标：只要奉行顾客至上，其他的（利润、权力）定将随之而来。这条口号也暗示了，在亚马逊，员工地位永远次于顾客，这一点在其他口号中体现得更为淋漓尽致，如"领导者要正确决策"或"远见卓识"。

亚马逊神话以多种方式渗透到诸如 MXP5 这样的履行中

心，公司经常开展营销活动，不为开拓新客户，只为招聘更多工人。和其他履行中心的周边地区一样，在皮亚琴察，到处可见印着面带微笑的工人的广告牌，各种招聘活动、报纸上中介公司发布的赞扬亚马逊的文章屡见不鲜。社交媒体使信息成倍增长。亚马逊鼓励员工担任其"形象大使"，在社交媒体上分享自己工作中积极乐观的故事，或是在仓库中开心跳舞的视频。就像履行中心墙上的标示那样，亚马逊所有这些做法都体现了领导力原则：在多伦多附近的一次招聘活动上，主讲人用幻灯片介绍着亚马逊的工作内容以及福利等更多工作细节，每一页幻灯片上都有亚马逊的微笑标识和诸如"履行对客户的承诺"等口号。他告诉在场应聘者，想加入亚马逊，就要牢记"客户至上""不要安于现状，永远不要忘记自己是亚马逊人"和"正确决策"等口号。活动的最后，主办方还提供了免费比萨。

亚马逊后备军

对于亚马逊自上而下宣传的那些神话，人们并没有不加思考地全盘接受，因为神话是可塑的，也是可以被挑战的。了解到皮亚琴察和其他地方的实际情况后，许多人开始对亚马逊是否能解放劳动力、推动现代化提出质疑。以南加利福尼亚的内陆帝国为例，目前，亚马逊在该地区聘用了约 2 万名工人。

虽然自亚马逊到来后，这里的失业率有所下降，但贫困率增加了。在美国记者和学者的报道中，许多亚马逊工人靠食品券维持生计。每启用一个新的履行中心，周边地区的家庭收入往往会下降。2018 年，经济政策研究所一份题为《未履行的承诺》的报告显示，亚马逊大多数履行中心都在仓储领域创造了就业机会，但这并没有从整体上拉动当地私营部门的就业增长，因为仓库会垄断就业，许多其他工作机会都因此流失[32]：全球履行中心的工人都认为"要么进亚马逊，要么喝西北风"。《经济学人》（*The Economist*）称，根据美国的数据，亚马逊仓库未能拉动仓储行业薪资。因其招聘门槛低，聘用的全是无经验的年轻人，亚马逊开出的工资甚至比其他同行更低。[33]

不说皮亚琴察，单说在圣乔瓦尼堡，MXP5 仓库的影响力就可见一斑。截至目前，该仓库已经成了圣乔瓦尼堡最重要的雇主。只要你想找工作，并具备常规技能，MXP5 的大门就为你敞开：在马克思眼里，这些人就是资本的"后备军"。在他那个年代，工厂需要的是按时上工、遵守时间、尊重雇主财产的工人。农业时代，人们都是遵循着农事周期下地干活；而工业时代，学校得大规模招生，训练一代又一代的工人，按照工厂的节奏工作。而今，工人需要具备的技能已经和以往不一样了，变得更加复杂。胡斯将数字经济的后备军描述为"大量会用电脑的工人，招之即来，挥之即去"。[34] 皮亚琴察的高中可以考物流技术员证书，但那些数字经济后备军并不需要具备这一更高的技能。

当通过中介公司的季节性员工筛选后，我和其他约 10 名应聘者都得做个简单的测试，内容包含颜色识别、形状识别，还得决定是否与别人同做一份测试——因为人太多了，测试题份数不够。两名德科集团（Adecco）的工作人员快速面试了我。在其他国家，整个招聘流程甚至更简单。例如，在多伦多，招聘方告诉我们履行中心的岗位不需要一对一面试，只需要提交一份在线性格测试（许多履行中心岗位的招聘广告中都提到，"工作态度积极"者优先）和一张高中毕业证。当然，你还得能举重物、能每天行走或站 10 ～ 12 个小时。

2008 年金融危机之后，亚马逊轻而易举就为新启用的 MXP1 仓库招到了大量工人，规模更大、技术更先进的 MXP5 仓库之后会建在公路另一边。危机使当地很多失业者都愿意拿着最低薪资工作。那时候，我几个朋友都去亚马逊工作了。他们大多三四十岁，刚在金融危机中丢了饭碗，这时候又有个大型跨国科技公司能提供全职工作，当然高兴了。

伴随危机而来的是劳动法被放宽，亚马逊自然不会错过这个剥削的好机会。其实，亚马逊的工人待遇并不一样：最大的差别可能就体现在，有些人是全职，而有些人只是季节性工人或临时工。为满足全年运作的市场需求，亚马逊在其全球履行中心网络中采用的是双轨招聘模式：仓库人员分为公司直接聘用的核心工人群体和中介公司提供的灵活劳动力，大批灵活劳动力在秋季上岗，又在购物旺季过后的 1 月离职，而全职岗待遇不错，很有吸引力。1960 年，意大利工人争取到了劳工权利，确保了亚马逊直接聘用的那些人能得到一份全国统一的合同。其中规定，亚马逊应提供最低工资保障并为工人发放稳定的薪水，缴纳养老金，每年放六周假，年底双薪。此外，合同还规定亚马逊不能无故解聘员工。不过在其他国家，福利没这么多，比如美国：美国版合同中并未列明失业保障措施，也没有年底双薪。但亚马逊为美国员工提供了医疗保险、带薪休假以及不低于 15 美元的基本时薪。

与全职相反，临时工极其不稳定，他们是被聘用来应对亚马逊会员日或圣诞节前后的订单高峰期的，几乎得不到工作保障。在 MXP5 仓库，临时工招聘被外包给大型跨国机构，如德科集团和万宝盛华公司（Manpower）。在一些国家，公共机构也参与招聘，如德国的劳动局（Arbeitsamt 就业中心）[35]。这些工人的合同可能只持续几周，甚至连工作时间都不确定。在意大利，一些政治决策导致了工作不稳定，如引入"MOG"合同（monte ore garantito），合同保证了基本工时，比如，每周工作 10 小时，至少工作 1 个月。工人可以被要求投入更多的时间，但投入多少全由公司决定后提前 24 小时通知。德科集团将这种合同美化为"有助于降低成本，因为按照合同，企业能在需要的时候再招聘"和"很有弹性"——只不过，受益的只有公司。[36]

在此规则下，不管是哪种类型的工人都要加班，特别是在 MXP5 仓库得全速运行的旺季期间。在皮亚琴察，当地的季节性工人一直以来都是靠加班累积工时的。他们在当地众多番茄罐头厂加班上夜班，加工所谓的"红色黄金"。食品加工厂在七八月份需要全天候运转，加工刚成熟的农产品，这催生了大量季节性工作。现如今，物流业的雇员规模已经大大超过了食品加工业，但二者聘人的原因都差不多。写这本书时，我和许多年轻的季节性员工交谈过，他们都挺喜欢在会员日和圣诞节前后在 MXP5 仓库加班的，因为收益可观。如果时值夏天，还能去加工番茄罐头。

自 2010 年年初以来，物流和食品加工业的劳动力构成都发生了巨大变化。当亚马逊刚来到皮亚琴察时，绝大多数工人都是和我一样的土生土长的意大利白人。但现在，仓库人员构成更多样化，因为亚马逊几乎耗尽了皮亚琴察和附近帕维亚省和洛迪省的无数小城镇的本地人。佩皮诺就是其中一个小镇的居民，他告诉我："这儿的每个人都在亚马逊或其他仓库工作过。无一例外。"然而，物流是离不开人的，所以亚马逊需要源源不断的新员工。在生产高峰期间，亚马逊需要 3000 名工人轮班，是全职员工数量的两倍，当地劳动力无法满足这一需求。所以每年，亚马逊都会在全球范围内招聘数十万名临时工，满足灵活的市场需求。仓库开始吸纳皮亚琴察人以外的移民劳动力，招募了更多新工人后备军。每到旺季时，由临时机构运营的无名"亚马逊巴士"就会从亚历山德里亚或帕尔马等邻近城市以及米兰郊区的工人阶级社区（距 MXP5 一小时车程）载来几十名临时工，在高峰期轮班工作。

早期，工业资本主义和制造业依赖流水线工人的劳动。这些工人既要管机器，又要从事手工劳动，完成机器不能承担的那些任务。在美国，来自东欧和南欧的移民以及美国南部那些被解放的黑人填补了劳动力缺口，满足了工业化的东海岸和中西部工厂的需求。在意大利，工业化的北部工厂也聘用国内其他地区的人来弥补劳动力缺口，如 20 世纪五六十年代从南部地区迁移过来的农民。

如今的劳动力构成有所不同，但和旧时代的工业资本主义还是有类似之处的。亚马逊的快速扩张意味着它每年需要招聘大量新工人，且员工往往都是年轻人。美国人口普查局（United States Census Bureau）的数据显示，美国仓库员工中有近一半人年龄在 35 岁以下。这些新的年轻工人往往是少数族裔。亚马逊数据显示，截至 2020 年年底，黑人和拉美裔工人在亚马逊的劳动力中比例过高，分别占总数的 26% 和 22%。

白人工人约占总数的 1/3，在整个劳动力中占比较少。但管理层的情况截然相反。在亚马逊报告中，白人占据了 56% 的管理职位，且权力更普遍地掌握在男性手中，全球管理人员中 70% 以上都是男性。[37] 这些情况与当代种族和父权资本主义中权力和金钱的不平等分配是一致的，而亚马逊就是发酵这些不平等的大熔炉。

亚马逊劳工的种族特点在皮亚琴察体现得也很淋漓尽致。只需要开车经过当地的德科集团分部，你就可以看到那些在人行道上等着申请 MXP5 工作的有色人种年轻工人。许多人已经是第二次或第三次搬家了，他们从国内其他地方搬到皮亚琴察，为当地的亚马逊仓库工作。当意大利南部或中部的朋友知道我在写这本书后，他们曾多次请我帮忙，为即将搬到该地区，到 MXP5 上班的新工人寻找住所。之前意大利南部阿普利亚有个人就给我发过短信，请我帮忙找个住处。他说："我有个塞内加尔的朋友，马上就要到圣乔瓦尼堡的亚马逊仓库来工作了……因为他在巴里找不到工作……在威内托干了几个月农场工人的活儿后，他终于得到了亚马逊的工作机会！"我还经常听说，旺季时亚马逊工人直接住在仓库停车场的房车里，一月份高峰期一过被解聘后直接卷铺盖走人。亚马逊履行中心的工作还真是香饽饽。[38]

这种工人构成模式对当地政治也有一定影响。例如，SI

Cobas 工会的骨干成员便是来自马格里布的移民工人和年轻女性。这个激进的工会组织着当地物流业大多数仓库的工人，不包括 MXP5 仓库的。虽然这种构成模式为工会注入了新的激进力量，也取得了一些成效，但对意大利白人居民来说，这可不一定是什么好兆头。圣乔瓦尼堡是皮亚琴察省移民人口最多的地方之一，也是绝大多数右翼选民居住的地区之一。在 2019 年的欧洲选举中，仇外的极右翼政党北方联盟获得了超过 50% 的选票，该党的种族主义反移民言论得到了当地白人工人和中产阶级的支持。皮亚琴察所在的艾米利亚—罗马涅大区，之前这儿的人还是很开明的。20 世纪 80 年代传奇朋克／新浪潮乐队 CCCP 的一首歌称艾米利亚—罗马涅是"两个帝国笼罩下的省份"，其生活方式受美国影响，其政治和经济又与苏联有关。现今，亚马逊不仅将当地经济与美国联系在一起，还要对过去的残余赶尽杀绝。例如，亚马逊与多个联盟（合作社联盟）联合，推出了 Ipercoop 大型购物中心。[39]

自 20 世纪 90 年代以来，许多事情都变了。MXP5 的中介公司用的 MOG 合同是与一系列改革措施同时推出的，这些改革措施使解聘全职员工变得更加容易。这项改革被称为"就业法案"（*Jobs Act*）。改革落地后的实际情况远比我们想的更糟糕。据报道，在西班牙和英国，工人是通过零小时合同雇用的，合同规定他们得随叫随到，但不保证一定有工作机会。亚马逊疯狂试探当地劳动法的边界，助推了不稳定的全球工作体系。

仓库就是新型工厂

每天，许多新工人走进履行中心的大门，而在这之前，他们并没有在工厂干过。许多人将 MXP5 仓库比作血汗工厂，将工作描述为流水线劳动。当我第一次来到 MXP5 仓库的停车场时，工厂这个词就出现在了我脑海里。几十个年轻工人进进出出换班，瞬间就让人联想到了大批工人走进流水线工厂的画面。这仅是我个人的感觉，但很多人也有同感。这场景之后映射出一个现实：亚马逊仓库确实融合并更新了过去工业资本主义的原动力。从这点来说，亚马逊延续并扩宽了始于工业革命的这一工业发展进程。仓库可以被视作工厂，不过这是数字化仓库，是当代逻辑嫁接到工业资本主义树干上的果实。在这样一种新旧对立之下，亚马逊既照搬了控制劳动力那一套，又将未来科技应用到了工人的工作中。从某种意义上来说，亚马逊就是早期工业资本主义的高配版。

德国社会学家莫里茨·奥滕立德（Moritz Altenried）认为，我们正在见证数字工厂的诞生。在数字工厂里，新形式的自动化技术负责将人力投入机器生产过程中，当然，也负责从中提取价值。[40] 在亚马逊，流水线已经被算法取代，但两者归根结底都被用来规范任务，优化流程，并减少培训新工人所需的时间。机器人和软件系统强化了劳动，使其更加危险。就像在工厂里一样，你必须得先说服工人、动员他们，为此，亚马逊在仓库营造的是一种严酷专断的工作氛围。通过使用数字监控来监测和控制工人的工作表现以及应用高科技公司那一套组织方法，亚马逊成功加强了仓库管理。如今，钟表已经被算法取代，但工人仍得按照机器规定的节奏工作。就像早期的工业资本主义一样，亚马逊依靠的是极不稳定的劳动力，他们招之即来，挥之即去，人手不够时甚至得用大巴车运人过来。但比起招人，亚马逊在解聘方面花了更多心思，鼓励（或迫使）工人干一小段时间就离职。在其未来的仓库项目中，亚马逊计划将这一趋势扩大，使人类劳动进一步从属于机器。

早在亚马逊来意大利开设工厂前，也就是 20 世纪 60 年代初意大利经济繁荣的时候，工人理论家罗曼诺·阿尔卡蒂、马里奥·特隆蒂（Mario Tronti）和拉涅罗·潘齐耶里（Raniero Panzieri）就开始思考劳动转型以及工人、资本和技术之间不断发展变化的关系。[41] 他们的研究启发了我的工作。当我开始在皮亚琴察周围的物流区研究劳工时，我注意到，自己的发现与这些知识分子在工厂中的发现有许多相似之处。比如，他们认为工业工人阶级在资本主义演变中的核心作用被忽视了，他们的革命潜力也因此被忽视了。他们分析的核心是资本的控制权之争，并认为资本必须控制工人内心的骚动，让他们更愿意朝着企业目标去努力工作。为此，资本制订了一个"计划"，技术是其中的关键组成部分，尽管工人主义者认为劳动才是变革的真正动力，而非资本。从这点上看，以往那种紧张关系又以新的形式出现了。仓库工人要求进行政治变革：降低灵活性，放慢工作节奏，打造公平、健康和安全的工作环境，重新分配亚马逊的巨额利润等。亚马逊为了应对这样的情况，在仓库内使用了健康应用程序和人工智能社交距离监控系统，为防止工人组织起来还用上了反工会技术。

曾有人讨论技术带来激进变革的潜力或数字资本主义的破坏性潜力，但他们并不认为工作场所变革是个政治过程。这些人讨论的东西，要是没有过去几十年间的工作不稳定、工人权利的消弱、全球化的推进和金融市场的兴起等因素，都是空谈，正是这些复杂的因素使一切成为可能。理论家鲁哈·本杰明（Ruha Benjamin）认为，技术只是导致资本"创新不平等"的因素之一。[42] 新技术的开发和应用属于更广义层面的因素，至少在资本自己设计和使用的资本主义生产关系下是这样的。如若亚马逊的技术失去经济和政治的支撑，失去不断积累资本的动力，那它就什么都不是。现如今，亚马逊的技术已经引发了工人及社区的不满：我们不禁思考，亚马逊帝国还有多久才会崩塌？

MXP5 仓库只是亚马逊跨国赚钱机器中的一个小齿轮。但我们可以透过它和其他履行中心，观察亚马逊及其在当代资本主义演变中所起的作用。要想了解真实情况，我们就得联络工人，毕竟他们才是被亚马逊支配着并没法抵抗的人。这些工人虽然只在 MXP5 仓库工作，但通过国家和国际工人组织与亚马逊其他地方的工人联结在了一起。全球所有亚马逊仓库都是直接照搬美国仓库那一套标准化流程和管理技术的，MXP5 也不例外。在网络空间里，仓库工人们可以跨越国度、跨越仓库管理，和世界各地的其他同事交流。和工厂一样，仓库也不是与世隔绝的，且现实情况正相反，仓库这套运营模式已经辐射到了生活的其他领域、岗位和行业。但为了了解亚马逊对工作的影响并设想出一套现行方案的替代方案，我们得先以亚马逊为切入点，深入这个数字资本主义新工厂，看看那些墙内的员工。

第二章　努力工作

"努力工作""玩得开心""创造历史"，每个亚马逊履行中心的墙上都印有这些口号。一进 MXP5 的大门，映入眼帘的就是这些口号，就印在入口通道处。通道尽头就是安全门和员工进出仓库必经的身体扫描仪。这些口号在仓库内也随处可见。第一条是努力工作。这不必多说，来这儿工作的人肯定早就做好了努力工作的准备。但不管是谁，肯定还是会觉得在亚马逊工作很累。仓库要求很严格，工人得高效完成所有工作。从用算法记录库存到要求工人加班和上夜班，仓库内的一切都是为了确保亚马逊的消费者能享受到快速高效的服务。确实，要存放、检索、打包和运输每天进出仓库的几十万件物品，需要员工投入大量精力。对于初次到访 MXP5 的人来说，设施规模着实令人震惊。MXP5 的员工时常将他们的仓库称为"宇宙飞船"，因为仓库构造类似科幻小说中的机舱：巨大的空间里没有窗户，只有霓虹灯照射着。数英里长的传送带纵横交错，负责将物品和箱子从一个区域运送到另一个区域。空间内干净卫生，地上画着一些黄蓝线条，引导着人们的行动。黄色金属楼梯直通仓库的中心，那儿是个多层区域，被亚马逊工人们称为"拣货塔"。

可以看到，拣货塔层层叠叠的板上排列着数千个货架，每个货架都被分成色彩各异的单元格，里面放满了亚马逊网站销售的商品。那是我第一次看到仓库里存放这么多东西：书、猫砂、玩具、办公用品，以及你能在大型商场买到的所有东西，都码放在这些小单元格里。全球物流链中，集装箱是用于在全球范围内运送商品的标准容器。而在亚马逊，亮黄色篮子是将商品放入和取出拣货塔的标准容器。无论何时，都有数以百计的篮子朝着各个方向移动着，工人拉着手推车将它们放到自动生产线上，前往负责打包和运输的地方，整个过程只能听见传送带发出的白噪声，还有仓库大喇叭放的音乐。拣货塔里静得就像图书馆，只有黑漆漆的过道和一片寂静，时不时能听见工人在架子上取货的声音。

和仓库其他地方一样，拣货塔内的工作也是靠技术驱动的。显然，数字技术是电子商务得以存在的先决条件：要是没有网站、电脑和电话，人们就没法在网上下订单，而且电商公司的运营效率也得靠技术来保障：下订单后第二天，包裹就会送到你的家门口。这一过程是由复杂的算法系统实现的，它知道商品存放在哪里，还会指派一个工人去取货，分配其他人去打包、运输和送货。亚马逊把这个系统称为"机械老师"。除了亚马逊 MXP5 外，别家仓库产业技术也都很先进，MXP5 甚至算不上皮亚琴察省技术最先进的工作场所：除了由扎兰多、宜家和其他亚马逊式的仓库构成的履行中心外，皮亚琴察还拥有小而精的机电一体化产业。在亚马逊，机器扮演着很特殊的角色，这一点毋庸置疑：亚马逊将自己定位为一家科技公司，所以技术才是值得吹嘘的资本。报纸上那些文章和消费者们也无不讨论着亚马逊的技术发展。人们常在想，会不会哪天亚马逊仓库就完全自动化了。执着于技术，往往会使旁观者忽视背后付出的工人，但工人们都很清楚，仓库还是离不开人力的，他们是亚马逊背后的引擎。亚马逊的一位经理告诉我："技术可以编码、理解和管理，但真正的机器其实是人，因为所有的事情都是人工完成的。"技术和人力是无法分割的。亚马逊承诺的交付时间越来越短，要保证时效就只能用技术来提高工人的生产力（也就是说，加快他们的工作速度）。于是，一件件商品都被转化为数字信息，以方便软件系统管理。任务被标准化，方便所有员工执行。如果劳动力短缺，就促进地区工人流动。如果要严格控制工人，就减少工人的能动性，赋予管理层更多权力。总之，技术是实现快速完成和交付的基础——控制着物流也控制着工人。

亚马逊通过信息技术优化了劳动力，延续了现代资本主义的一贯做派。19 世纪 80 年代，美国工程师弗雷德里克·温斯洛·泰勒（Frederick Winslow Taylor）将科学方法应用于对车间工人和机械的管理。他的"科学管理"基于这样的想法：人们可以仔细分析劳动过程，以找到缩短任务完成时间的方法。在实践中，这意味着管理人员得带着秒表和笔记本在工厂里巡视，记录工人的活动，为新的方案提供依据。泰勒认为工人天生懒惰，杰夫·贝佐斯本人也这么认为。[1]因此，管理层可以利用"时间动作分析"来找出执行拧紧螺栓等特定任务的最有效动作，从而加快他们的工作速度。这一方法被称为"泰勒主义"，能推动工人更快、更卖力地完成工作，所以很快就成了全世界很多工厂常用的管理模式。

如今，这种管理模式仍在使用，只不过很多公司用技术将泰勒的管理模式升级了。在对 MXP5 的研究中，社会学家弗朗西斯科·马西莫将泰勒管理模式戏称为盘旋在仓库上空的"泰勒主义的幽灵"[2]。在亚马逊数字工厂中，管理人员的秒表和笔记本被工人劳动数据分析所取代。之后，分析结果会被用于下游以优化和控制劳动力。分析和控制的主要工具是条形码扫描仪，工人通常将其称为"枪"。大多数都是手持式无线扫描仪——与超市收银员用来扫描条形码的扫描器一样，但工厂用的这些扫描仪可以安装在工人的腕带上，或连接到工作站电脑上。充电站整面墙上挂了几十台扫描仪，正在充电，仓库工人在开始轮班前要取下扫描仪。轮班的第一项任务就是扫描（或"拍摄"）徽章上的条形码，登录系统。通过扫码，工人信息也像货物一样成了数字信息，这一点他们自己也清楚。一位MXP5仓库老员工玛丽亚（Maria）在圣乔瓦尼堡喝咖啡时和我说："我们都是数字罢了，只有徽章和条形码重要。如你所见，在亚马逊，一切都被弄成了条形码，连我们都逃不过，太可悲了。"的确，我看到的也是这样。亚马逊会组织人们去其履行中心参观。无论是皮亚琴察的MXP5还是其他地方的亚马逊仓库，每次我去参观的时候，带领我们参观的引导员都会介绍说，条形码是亚马逊连接客户、商品和工人的主要工具。

从条形码扫描仪登录到个人工作站的那一刻起，履行中心的员工就受到了亚马逊技术设施的支配。扫描仪成了工人和管理层之间的传声筒：软件将复杂的工作流程分解成单个任务，分配给拣货塔中的工人，下达任务命令，还监管、优化、组织着他们的劳动。大多数决策都由存储着库存和工人数据的软件系统做出，而非仓库经理。除此之外，亚马逊的运营环节也有机器把关。比如，虚拟助理Alexa，工程师精确地赋予了它"顺从"等特质，以便更好地为机主服务：机主只需一声令下，订单就下好了，就可以在家里坐等收货了[3]。技术很重要，但不是万能的，仓库的体力活、重复性工作还是需要大批工人去完成。离开了工人，亚马逊就无法前进：和当初的工业资本主义一样，如果无法大规模动员人力，数字资本主义用的那些技术将毫无意义。正如玛丽亚所说，在许多方面"自动化是非常有限的"。真正的自动化靠的是算法。算法分配着客户的订单，根据订单内容和时间将物品分成本仓库有货的和需要从其他仓库调货的两类。从这点上来看，智能系统给我们提供了便利。但这种自动化需要依赖人力。她还说："你知道履行中心里面的主要资源是什么吗？是我们，我们的劳动力，我们的手臂。"

跟着商品走

亚马逊履行中心售出的每件商品都要经过四个核心流程：接收、堆放、拣选和打包，这些步骤既需要机器也需要人力。以买粉色咖啡杯为例，让我们看看它的移动轨迹。首先，它会经历"入库"的两个步骤。在"接收"区，工人会把一箱箱商品从进货运货板上拉下来。打开这些箱子，他们会发现我们的杯子和许多其他类似的杯子放在一起，且每个杯子都有一个独一无二的条形码。工人会扫码记录杯子到达仓库的时间。接下来，这些杯子会被放到传送带上，送到"堆放"区。在那儿，工人们将这些杯子分组，放到黄色的篮子里，再把篮子放到小推车上，推去拣货塔。此时，堆装工人就会扫描每辆推车上的篮子，记录里面的物品，然后送到拣货塔内指定区域。当把杯子放在货架上时，他们会用扫描仪分别扫描杯子和存放地的条形码。这样一来，库存系统就会知道每个杯子在货架上的位置了。

　　仓库里其他工人从事两种类型的"外发"工作："拣选"和"打包"。假设你从亚马逊订购的粉色咖啡杯要送到博洛尼亚，软件系统会检索库存，找出该城市有这个杯子的履行中心是哪个，这大概率就是 MXP5 仓库了。然后系统会将取货任务分配给"拣货员"，通过手持设备告知他们物品的位置。然后，他们走进仓库的存储区域，取出系统分配的物品，放到分拣区。一个拣货员可能被分配到不同商品，这些商品将被运给不同买家。但如果一个订单包含多个物品（也许除了杯子，你还订购了一个 U 盘和一些眼线笔），这些物品将由不同的拣货员取回。一旦货物被送到分拣区，其他工人就会扫描并分类，将它们放入与各个订单相对应的篮子中。这些篮子会被放到传送带上，送到"打包"区。在那儿，系统会告知"打包员"，该用多大的纸板箱或信封来打包。一会儿工夫，打包员就将货物从篮子里转移到打包箱里，封好箱子并放到传送带上。之后，机器会扫描并自动生成标签、打印标签并将标签贴到箱子上，标签上有买家地址和一个新的条形码。这些信息只能被机器识别，工人看不懂。接下来，货物会沿着传送带继续前行，会经过另一个扫描仪，该扫描仪会读取箱子上的条形码，并自动将其放到特定的篮子里。指定的"承运人"会来取货，具体是谁来取，这得看交付地在哪儿，优先的运输方式是什么。工人会将货放到运货板上，然后再将其装到在停靠区等待的卡车上。卡车会把包裹送去分拣中心，也就是目的地附近的小型仓库。分拣中心的工作人员会把货物交给司机，然后司机为客户送货上门。

除了以上这些核心流程，仓库里还发生了其他事情。例如，"退货物流"工人会处理客户退回的订单（比如你突然觉得自己不需要这个粉色咖啡杯了）。这些工人检查退回的货物，将它们送回拣货塔或转送到其他履行中心。"质量监控"工人会检查其他人的工作是否有误，例如，确保商品在货架上的位置是正确的。停靠区的工人每天都为几百辆来运送货物的卡车装货、卸货并收单。

这些过程的共同点是将自动化与人力相结合。亚马逊的算法负责做决定，驱使着工人将杯子从卡车上转移到拣货塔内，再送到你的家里。应该从哪个履行中心取货？哪个工人负责拣选、重新分拣或打包？这些都由机器、软件决定。当然了，不只亚马逊将传统的人类管理者的职能自动化了，社交媒体、叫车服务等行业也都是靠算法进行决策的。新闻编辑室的社交媒体经理努力提高网站上文章的读者参与度，公司应用程序给优步司机分配距离最近的订单，这些都离不开算法，数据驱动的算法流程控制并塑造着人们的工作。[4] 不同之处在于，在仓库中，在这些自动化决策和工人之间进行调解的是扫描仪的屏幕，而不是手机应用程序或浏览器窗口。

用软件系统来组织劳动力，这算不上技术中立。工作场所应用的技术反映并维持着雇佣关系外衣之下的权力关系。资本在设计和应用技术时就只考虑到了自己的目标：以亚马逊为例，资本家用技术控制着工人，以实现订单的快速交付。管理层借助算法控制着工人，为自己谋利，社会学家阿内什（Aneesh）将这种不对称的组织形式称为"算法独裁"。[5] 例如，资本有能力垄断这些技术系统的知识。维持仓库流程的企业算法的内部运作是不透明的，因此外界难以理解。这是刻意而为之的。出于行业机密和保密协议，亚马逊软件代码不对外公开，但我们仍有方法了解。因为自动化就是个社会技术系统，这一系统与特定的人和流程相互作用，所以我们可以通过分析其在工作场景中的应用来理解它。工人接触这些软件系统的机会是有限的，但他们亲眼见证了算法对工作流程的影响，这种通过经验得来的知识是宝贵的。[6] 他们不仅能持续提供自己在工作中观察到的情况，还能实地探究和测试组织他们劳动的数据提取和分析程序。比如，他们可以试图去弄清订单是如何分配给拣货员的，这对个人生产力又有什么影响。

因此，要想了解数字技术在亚马逊的使用情况，我们得寻求仓库工人的帮助。各种形式的资本主义生产关系他们都经历过，现如今随着生产关系更迭，工人劳动和机器的融合程度越来越深。在以蒸汽机为主导的工业时代，工人们提供的是体力劳动，例如，将原材料送入机器。今天，情况其实也差不多，只不过除了体力劳动，工人还要投入其他东西。显然，亚马逊的工人是提供了体力劳动的，他们在仓库里搬运货物、为订单贴标签、卸货。此外，他们还提供了信息服务。软件系统会通过扫描仪捕获工人的工作信息，并利用这些信息管理拣货塔中的库存。软件系统将人类活动转化为数据，将其反馈给由算法和机器人技术主导的复杂机器系统。工人提供信息服务，这并不是什么新说法。早在 20 世纪 60 年代初，工人理论家罗曼诺·阿尔卡蒂就说过，工人不仅是商品的生产者，也是信息的生产者，所以也是价值的生产者。因此，资本必须征用并控制他们。[7] 然而，自动化算法系统掌控下的这种紧密的反馈循环是前所未有的。亚马逊这样的数字密集型仓库的创新之处在于，工人工作产生的信息被算法分析，之后被用来支撑和改善机器交付流程并控制工人的活动。[8] 这一点在存货和拣选时体现得最为明显。工人往货架上存放商品时，这一依靠他们个人选择和灵活性的复杂劳动的数据就会被数字化并被软件系统捕获。之后，亚马逊便会用这些数据来严格控制拣货员的活动，确保他们在自动化软件系统的指导下，以高效和可控的方式完成工作。

从混乱到有序

一个阳光明媚的春天，我在天井酒吧遇到了马克（Mark），MXP5 仓库许多年轻的季节性工人都去那儿玩。马克也是名季节性工人，已经在 MXP5 仓库干了几个月的堆装工作了，体验了仓库内的库存组织模式。每天，他的工作就是在拣货塔内走来走去，把一个又一个手推车上的商品放到货架上。马克告诉我，这工作很单调乏味，但他不在乎。干这活儿不需要集中精力，东西放哪儿了也不知道。他说："堆装工人是没法控制，也看不到自己把东西放哪儿了的，你得花精力才能记下来。仓库里有很多不同的货物，你要做的只是不停地从手推车上卸货。"确实，工人们堆放东西的时候，他们并不知道这些货物在整个塔里的位置，只有控制仓库工作的软件系统知道。亚马逊的计算机系统能够捕捉到工人的活动数据，并详细记录物品存放的位置，以便日后有针对性地检索。堆装工人可能在短时间内记得他们放置的物品在哪里，但没多久就忘了。拣货塔的货物是按照"有组织的无序"或"混乱存储"的逻辑存放的。货物并不会按照类别分类存放，手机壳和卫生纸都可以乱放在一起，所有的货物都堆放得比较随意，每个单元格里面都会有各种各样的货物。工人将物品放进去以后，扫描仪就会自动捕获这一行为并生成数据，后续工人就可以根据这些数据进行货物检索，软件将无序转化为有序。工人如果没有扫描仪和软件的帮助，就不可能在拣货塔中找到东西。

在实际工作中，混乱存储的操作流程如下：装有最近入库货物的篮子会被分给几十个工人，之后这些工人就会根据指示前往拣货塔的特定区域，边走边将货物放在任何他们觉得合适的地方。最重要的是，放完以后他们得用扫描仪记录存放的位置。有一些类型的货物，如昂贵的电子产品，是要到特定区域集中存放的。但在大多数情况下，货物都是随意堆放的，比如玩具就没有特定的存放区域，玩具被随意堆放在整个拣货塔内。工人堆放的时候只需要注意两点。第一，不能将同一货物的所有库存都放在一起，必须得放在拣货塔内不同的单元格里。这样一来，取货时货物就有可能离拣货员更近，减少了他们的步行时间。这也是为了降低订单激增时几个拣货员因同时寻找同一件商品而扎堆在同一个单元或走廊里的可能性。第二，只要放得下，这个单元格和旁边的单元格里也没有类似商品，拣货员就可以将物品放进去。也就是说，泰迪熊玩具不能放进有其他毛绒玩具的单元格里，但可以放在有手机壳、教科书和 T 恤的单元格里。这样放也是为了加快后续拣货员来取货的速度，因为机器会引导他们去一个有泰迪熊玩具但没有其他毛绒玩具的单元格，这就减少了决策时间，也降低了由出错造成损失的可能性。

几千平方米的拣货塔中有数百个货架，货架有很多层，上头加起来有数万个单元格。混乱存储货物后，要是没有亚马逊的算法系统，没人能找到货物在哪儿。但机器仍然离不开人工协助。虽然堆放货物的流程很容易理解，但它在很大程度上还是得依赖工人的灵活性和分析能力。和履行中心经理聊天后，我才知道堆放货物看似简单，实则复杂。经理说："你篮子里那些需要堆放的东西可能仓库里都已经有了，篮子里的东西多种多样，有光盘、足球还有书。你面前的单元格还大小不一，有大有小。"这时候，人的分析能力就派上用场了，工人能对面前的这些物品快速分析。这一点在库存系统出故障的时候体现得最为明显。在某些情况下，比如说当系统记录的货物大小比实际尺寸小时，工人就需要快速更正这一错误。此外，货物有效堆放还离不开人的创造力，创造力有利于在特定地点最大限度地利用可存储空间。虽说工人不靠机器就能凭借自身的灵活性和速度以"混乱"的方式有效地存放一系列形状、重量、体积、颜色不同的物品，但亚马逊算法可以帮助他们规避错误选择。工人无法做到的，或者说必须由机器负责的，是记住每个商品都存放在哪儿，这就是导致工人可替代性高的一大原因。

混乱存储的核心工具是条形码扫描仪。商品和货架上都有可以识别的条形码，所以堆装工人存放的时候要用扫描仪扫描泰迪熊身上的条形码和所存放单元格的条形码。闪烁绿灯就代表系统已经记录了物品位置。有了这一步，管理库存的算法系统就可以在买家下订单时派拣货员来取出泰迪熊。当然，这一系统很容易出差错。马克说："记得有几次，我很着急，扫了单元格的条形码抓起东西要放进去，却发现放不进去，我就把它放在上面的格子里了。"当我问他把东西放错地方算不算蓄意破坏时，他否认了，并反对用政治来解读这种事。但他笑着补充说："我很喜欢看漫画小说，但有时候，比如，我发现了一本很酷炫的漫画书，我就会拿起它，边走边看，看了一页之后随手放在了身边的架子上。"马克并不会去记下自己随手放书的地方，于是这本书就在众目睽睽之下永远消失了。

混乱存储并不是亚马逊自创的，这一仓储模式最早可以追溯到 20 世纪 70 年代，当时物流首次实现了自动化。[9]但亚马逊确实完善了混乱存储技术。这一技术特别适用于那些储存多种不同商品的仓库，或者是那些接到的订单通常都只买了几件商品，甚至一件商品的仓库，亚马逊就经常接到这种订单。随意存放是很有效率的，这样货架上的空间就能被最大限度地利用，只要空间合适，任何商品都能放上架子。这样的存放方式减少了检索特定商品所需的时间，有助于快速交付货物。不过快速交付也意味着工人的工作压力更大了，一收到订单他们就得马上拣货发货。在实际操作中，混乱存储增加了同时在货架区域找到订单中几件货物的可能性，这可以减少拣货员在完成订单时花费的"非生产性行走时间"。

对于信息理论家菲利普·阿格雷（Philip Agre）来说，这种形式的"数据采集"旨在通过追踪人和物来合理组织工业生产和服务。[10] 例如，超市可以通过会员卡和店内摄像头追踪顾客的购物模式，以重新调整货架上产品的摆放位置。为了提高劳动效率，资本家将这种捕捉和控制人、物在仓库中的移动的泰勒主义逻辑应用于数字工厂。[11] 在这种模式下，工人很容易在混乱复杂的仓库里晕头转向，只能完全依赖库存软件。连技术文献中都写着，"在混乱存储模式下，离了信息系统，拣货员就无法定位商品"。[12] 这就是 MXP5 仓库和员工之前工作过的那些常规仓库的最大区别。过去，即使库存已经精心编排好了，也得靠工人的劳动和记忆才能保证仓库的高效率运作。如今，仓库让工人捉摸不透，只有那些协调着工人、决定工人取货路径的软件才真正了解仓库。[13] 工人永远无法摸清库存状况，这些原有的库存"知识"都被机器偷走了，这就是为什么劳动过程只能由机器来组织。[14] 总的来说，工人是仓库得以运行的先决条件，但他们还是得依靠仓库及其基础设施才能工作。

　　值得强调的是，工人的工作数据是由计算机存储和分析的。这些计算机是亚马逊全球系统的一部分，它们甚至可能不在意大利或欧洲其他地方，当然，它们也不在仓库里。MXP5的工人压根儿碰不到这些电脑，更别说做些什么了。

　　因此，不管是混乱存储，还是亚马逊借助混乱存储实现的信息垄断，其实都是机器对工人权利的剥夺。这里我用"剥夺"一词，是因为工人在工作中被剥夺了过去的仓库工人所拥有的一个关键特征：要求工人在工作中逐步积累一些有关仓库的知识。[15] 在这样的要求下，工人变得很重要，甚至不可替代。在传统仓库工作过的 MXP5 员工能清楚地感受到这种差异。在以往的工作经历中，他们被视作拥有宝贵知识的工人。也就是说，只有他们才知道东西放在哪儿，而知道东西放在哪儿对仓库的高效运作至关重要。这样一来，仓库所有流程的运作都离不开工人，拥有这样的知识就相当于拥有了权力，他们可以拿着这一筹码换取稳定的工作。而今，亚马逊用一套复杂的流程取代了曾经对工人的要求，整个流程还是得用到数百个堆装工人，但最后得到的货物是混乱堆放的，全由算法管理，工人不再记得东西放在哪儿。在这样的情况下，他们变得更加可有可无，沦为了后续拣货等流程压榨、利用的对象。

算法速度

混乱存储就是为了随时取出。也就是说，当客户下订单时，货物就可以被取出。事实上，亚马逊网站上每个订单都会引发一连串的连锁反应，最后才会呈现在拣货员的条形码扫描仪的屏幕上。大多数季节性工人刚来仓库干的都是拣货员的活儿，这是淡季时最需要人的岗位，也是最单调、最需要体力的工作。这也就意味着，通常都是新人来拣货，大部分都是那些年轻的季节性女工。不过，许多全职工人也一直都在订单接收端的拣货岗上工作。比如，在你下单我们之前说的那个粉色咖啡杯后，库存系统会通过扫描仪将这个订单分给一个拣货员，让他取出商品并送到打包和运输区。任务本身不难，只需要按照扫描仪的指示走到拣货塔的指定过道内，从货架上取出商品，扫描条形码，再放到黄色篮子里。接下来的八个小时，拣货员的工作就是不断重复这一流程。如果加班的话，就得重复干十个小时或更长时间。订单并不是随机分配的。亚马逊的软件系统靠堆放过程中捕捉到的信息确定所订商品的库存位置，之后便会通过计算，将任务分配给离这个商品最近的拣货员。堆放过程的各种操作使机器能够将商品转化为信息，这些信息又能被用来分解订单的执行过程：订单不会交由某个工人全权负责。就像在流水线上一样，整个过程会被转化为一系列单一的标准化任务。对于拣货员来说，每份订单的意义仅限于：去 X 通道，Y 单元，拣选 Z 物品。

数百名拣货员在 MXP5 的拣货塔内走来走去，手里拉着一辆小推车，上头放着他们用来装"一批货"的黄色篮子。这"一批货"可能会有 50 件不同商品，每件都是单独下单的。这些商品可能是 1 件 T 恤，3 本书，1 个玩具，或 1 个 Hello Kitty 手机壳，拣货任务都是通过工人的条形码扫描仪下达的。扫描仪上会显示物品的名称（红色水瓶等）、图像、物品在货架上的位置以及完成任务的时间限制——通常都在一分钟以内。扎克（Zak）之前是一名季节性拣货员，他将自己的工作描述为与时间赛跑："扫描仪上显示的每件商品都伴有时间条，比如说我有一分半的时间去拿这个东西，在我去的路上这个时间条会越来越短。但拣货塔太大了，步行的话得花四分钟。"当工人抓起商品并扫描商品和货架上的条形码时，系统会记录并批准这一过程。不过，在仓库外，由算法控制的工作流程中用到的条形码扫描仪被常用的手机应用程序所取代。这些应用程序会将客户分配给亚洲某地的网约车司机，将餐厅订单分配给欧洲某地的外卖小哥。[16] 在这些例子中，一些通常由人类管理者执行的任务，如分配任务、监控工人、安排工作，都被外包给了算法系统。

在亚马逊，资本家用算法控制工作流程，提高工作速度。

拣货员必须行动快——按照所谓的"亚马逊速度"来工作。安全起见，在此速度下，员工不用跑起来，只需要尽可能地快走。而走路的速度，正如扎克所说，是由扫描仪决定的：

> 当你把商品装上手推车时，下一个物品就会出现在扫描仪屏幕上。所以，装上手推车后你得马上送货，货送到时你已经知道接下来要取什么货了。于是你又马不停蹄地看向货架，思考下一件货物在架子哪个区域。如果下一件商品是一本书，你得思考它在架子上哪个区域。

事实上，用算法组织仓库内的工作，最主要的目的就是提高生产力。还记得亚马逊的口号"努力工作"吗？为了给在线消费的买家带来最快捷、最经济的体验，比如，两天交货、24 小时交货、2 小时内交货，亚马逊只能在压榨员工上无所不用其极。自 20 世纪中叶以来，为了使制造更加灵活，使生产能更及时地响应消费者的需求，生产者开始采用准时制生产模式。现如今从某种意义上来说，这种工业生产模式在亚马逊得到了延续，只不过要准时的不再是"生产"，而是消费者订购后的"交付"。过去几十年，物流业都有这样一种趋势：加快商品在全世界运输、在仓库内流转以及交付给客户的速度，并使整个过程更具灵活性。亚马逊创造性地将制造业中的准时制生产模式用在了零售业上，进一步显化了这一趋势。[17]

这可能也是为什么透过亚马逊仓库，我们能看到新型劳动力退化的主要原因。[18]MXP5许多员工将仓库工作描述为"一份不成功便成仁的工作"，因为这份工作不仅体力要求高、重复性强、没有任何技术含量，同事与同事之间还很疏远，全球的亚马逊履行中心都这样。一名英国员工曾在网上描述其在亚马逊的工作体验："在那儿干活儿完全不需要动脑子，却依然很累。设想一下，你走来走去 10 个小时，一直在重复一件事，就是用扫描仪扫描商品上的条形码，然后拣选随机摆放的货物。"在亚马逊这样的数字工厂里，不会再有经理拿着秒表走来走去，测算（为了减少）工人在生产线上的一系列操作所花费的时间。[19]取而代之的是算法，工人的工作节奏尽在其掌控之中。在这种管理模式下，拣货员的任务一个接着一个，他们只能与时间赛跑，加快拣货扫码的速度。

亚马逊不按工作量计薪，因为在其运营的大多数司法管辖区，计件工作是违法的。但即使这样，员工仍面临着管理层施加的巨大压力。仓库有"完成率"要求，得"达到目标"。这也就是说，每小时拣货都得达到一定数量，比如说 70 件或 100 件。工人们不堪其苦，临时工更是如此，他们随时都可能被解聘，心里有什么苦都只能咬碎了牙往肚子里咽。毕竟除了努力达标，他们别无选择。得克萨斯州一名亚马逊工人将自己的工作总结为"一直在走路、举东西、搬东西、迈步、扭动和转动身体"。为了达标，从上工开始就得走来走去，直到第一次休息时才能停下。对此，MXP5及全球数百个履行中心的员工都很有同感。体力活儿本来就很累了，亚马逊还对速度有要求，很多员工都因此身心俱疲。正如美国一个履行中心的员工所说："身心压力都很大，这份工作给我带来了永久性伤痛，让我焦虑、疲劳甚至抑郁。"在大多数拣货员眼里，如果要找一个词来形容自己在亚马逊的工作的话，那肯定是"匆忙"：一会儿在这个货架一会儿在那个货架，一会儿在上头拿货一会儿又在下头。压根儿不敢休息，任务一个接一个，仿佛没有尽头。每天，这些拣货员除了"推""拉"，就是在"跑"，工作任务重复又耗体力。2020年，新冠疫情席卷而来，拣货员的压力更大了。在接受一家多伦多报纸的采访时，一位参与了当地罢工活动的仓库工人坦言，在这种完成指标才能不丢饭碗的氛围中，人与人之间越来越疏远。她说："我们的绩效评估看的是订单数量，一旦数量达不到要求，我们就可能被解聘。但疫情期间为了保持社交距离，同一个仓库过道只允许一个人进入。"[20]

老员工见证了一批批新员工的入职和离职，他们很清楚其中的原因。以佩皮诺为例，他已经50多岁了，在仓库的不同区域都干过，拣货是他最讨厌的岗位，又累又让人窝火。佩皮诺说："干一段时间，你的背就顶不住了，什么疝气、腕管综合征、压力诱发的银屑病，全都找上门来了。有些同事才20岁，看起来却像我80岁的老母亲。"听起来可能有点儿太夸张了，但这就是在这里工作的工人被工作折磨多年后的真实状态。仓库工作损害了工人们的健康，工伤已经成为仓库里的一个主要问题，这一点亚马逊心知肚明。其内部一份有关美国仓库安全的报告显示，2016年至2019年，工伤持续增多。2019年严重工伤甚至高达14000起，每100名员工中就有7.7名在工作中受伤。2021年的一份报告显示，亚马逊工伤率高达行业平均水平的两倍，该报告指责亚马逊"对速度过于痴迷"。[21] 旺季时工伤人数最多。根据亚马逊发布的数据，会员日和"网络星期一"前后，仓库受伤人数会急剧飙升。[22] "美国国家就业法项目"（American National Employment Law Project）的一份报告称，最常见的工伤是"肩部、背部、膝盖、手腕和脚部扭伤、拉伤"。这些疼痛可能会"伴随工人一生，引发慢性疼痛和长期残疾"。[23] 佩皮诺回忆说："受伤会耽误工作，仓库领导可不喜欢这样了。'会晕倒吗？感觉不舒服？老板，要不要叫救护车？'这样的对话在亚马逊就没听到过。有一次一个同事晕倒了，半天都没醒过来，领导也没叫救护车，直到她在同仓库工作的丈夫过来了，他大发雷霆，拿着椅子到处乱砸，经理吓坏了，这才叫了救护车。"

　　拣货和打包等重复性工作导致的肌肉和骨骼损伤问题日益严重。不过，想都不用想，亚马逊肯定不会改变工作节奏的，只会自欺欺人，弄点什么新技术糊弄一下。工人透露，在亚马逊的某些履行中心内甚至有售卖布洛芬药片的自动售货机。在 2021 年 3 月给股东的信中，杰夫·贝佐斯宣布，在亚马逊的工作健康计划（该计划对员工进行安全和身体力学方面的指导）的基础上，公司正在制订新的自动化人员配置计划。届时，复杂的算法会根据不同肌肉、肌腱群的疲乏程度轮换员工。[24] 也就是说，会有另一种算法，在你右脚踝受力过度的时候，给你分配一个用左手腕干的活儿。然而，身体上的劳损可以通过算法来缓解，心理上的却不能。扫描仪分配任务都是差不多的，这会造成工人心理劳损，就像佩皮诺所说的那样："长此以往，工人就形成了条件反射，如同行尸走肉般无意识地工作。你只需要看好扫描仪，让你拿什么就拿什么，不需要考虑也不需要做其他事情。干完这八个小时的活儿，基本上就已经晕头转向了，接下来一整天都是懵的。"佩皮诺和其他仓储工人都认为，算法剥夺了他们的自主权，控制着他们的每一个细小动作。在仓库工作很孤独，人与人之间也很疏远。每天拣货员的工作就是在拣货塔的各个过道中穿行，一干就是八到十个小时，只为达到那些不现实的速度指标。工人（尤其是临时工）几乎没时间上厕所，更别说停下来和同事闲聊了。

亚马逊称仓库员工是其业务的"核心和灵魂"。然而，由于工作标准化、追求速度和算法管理，许多工人觉得自己只是技术的附庸。格拉斯多是一个供员工评价公司并能为公司打分的网站，一位来自西雅图的亚马逊工人曾在上面发表评论，贴切地概括了这一现象："我们这些拣货员和堆装工人就像是机器内部的齿轮，钟表离了齿轮就走不了了，而我们却如此不受重视。"近些年，工人开始打着"我们不是机器人"的口号抗议，这背后想传递的信息就是，他们现在不仅被当成机器人，还在被机器人化——走来走去，时刻准备服从条形码扫描仪发出的任何命令，从不抱怨也不休息。

随着事态发展，MXP5 的工作节奏有了些变化。一方面，工作指标越来越高，工人得加快工作速度。另一方面，工会和工人都在抗议，不愿意加速。皮亚琴察的仓库员工曾于 2017 年举行过罢工行动，几年后那儿的工人称，越来越多的工人开始无视速度指标。全职员工是受到法律保护的，他们可以无视速度，但很多临时工也开始效仿。2021 年，佩皮诺告诉我："工人越来越懒怠了，他们知道自己只能在这干一个月，所以能偷懒就偷懒，无所谓。现在仓库有工会了，领导们也不敢像以前那么嚣张了。"显然，这些工人对续约不抱什么希望，更别说转成全职员工了。佩皮诺还说："这些工人身边有人在亚马逊干过，所以他们很清楚仓库里的情况，知道这份工作不值得。"当然了，尽管这里的工作压力很大，也会有人觉得不错，乐在其中，至少在一开始是这样的。在另一条评论中，一位弗吉尼亚州的亚马逊工人强调："如果你身体健康，做好了干体力活的准备，这份工作简直美滋滋，起薪很高。我每天工作都得走一万四千多步，不仅锻炼了身体，还赚到了钱。"一般说这种话的都是年轻男性工人，尤其是那些才干了一两个月的。除了这些人，其他工人都受不了亚马逊的工作节奏。我的一位受访者芭芭拉（Barbara）快五十岁了，在 MXP5 工作的时候得了疝气。她说："仓库里有很多二十几岁的小伙子，家里的一切都由母亲打点。对他们来说，每天 8 小时搬 15 千克的东西就像在健身房里锻炼一样。这工作对他们来说是不错的。"芭芭拉曾经是一名设计师，失业之后来到了 MXP5 仓库工作，还有许多人和她的经历相似，她们都是意大利经济低迷的牺牲品。在一些地方，由于中产阶级尚未从 2008 年金融危机和紧缩政治中缓过神来，很多人也选择了去仓库打工。芭芭拉告诉我，工作的第一天，负责带她那组新员工的指导员就"立即向我们展示了所谓的亚马逊速度，也就是说，你手脚必须得快"，但机器定的工作速度和工时分析太不合理了，身体吃不消。"用左手工作能快零点零几秒，但我习惯用右手拿东西，还因此被骂过两三次"，她补充道。

　　有时候，技术反而会加大工作难度。扫描仪上那些指示都很简单，通俗易懂。但还有很多其他问题会阻碍交货进度，影响工作效率。对很多需要 24 小时用到扫描仪的工人来说，扫描仪有时候起不到辅助作用，只会减慢工作速度，旺季时尤为如此。芭芭拉坦言，虽然在职期间，亚马逊确实换掉了一批又一批旧扫描仪，但还是有些机器，已经不好用了，却一直不换。

> 我们用的许多扫描仪都有故障，有的是屏幕坏了，有的是传感器有问题。这些扫描仪无法正确识别条形码，基本每十个条形码中就有三个扫不出来，你只能一直扫。条形码扫不出来，系统就会拒绝你的拣选请求，你就没法完成这单工作。

芭芭拉说，这单扫不出来，管理员就可能会指定你去拣货塔另一个区域拿另一件商品。你得花时间走到那儿，这就减慢了你的工作速度。就算扫描仪不出问题，库存系统有时也会出现故障，这些都会影响工作速度。为了便于寻找，它们会给你一张商品图片，当你要找一件白色 T 恤的时候，给的图片很可能是黑色 T 恤。还有可能当你卸完 1500 件白色 T 恤后，你却看到屏幕上给的图片是黑色 T 恤。各位自求多福吧，这些事情看起来微不足道，但确实让人晕头转向。她还说："工作中遇到操作难题时，扫描仪就跟个摆设似的没什么用。功能和指令全是英文的，我儿子估计几秒钟就能学会了。"说完，芭芭拉递给我一张她写的英文术语小抄。为了不让经理看到，她把小抄放在了胸牌夹里，上面写着"D+enter= 物品损坏、M+enter= 物品丢失、Q+enter= 退出（退出系统时输入）"等。

仓库的工作算法将履行过程分解为简化的标准化任务，以便彻底控制整个工作流程，这一点在外发工作中有所体现。当拣货员在算法系统的安排下拣完一批货物时，他们可能在为多个买家的多个订单服务。一个订单是否最终完成，也只有算法知道。正如佩皮诺告诉我："任何人都可以为任何订单工作，你永远不知道自己做的是哪一单。"当您订购咖啡杯、眼线笔和 U 盘时，这三样物品可能已经被三个不同的工人分三批拣选了，拣货和库存都是乱的。一小部分负责外发的工人会在算法的指导下重新分类不同批次的商品。也就是说，他们会按照具体的订单分类商品。首先，这些工人会从拣货员那儿接收一推车装满货物的篮子，扫描里头所有东西，然后，系统会在计算机屏幕上输出指示，提示他们将物品放入黄色架子上特定的"rebin 单元"中。当咖啡杯、眼线笔和 U 盘都装到"rebin 单元"里后，这份订单就可以开始打包发出了。工人只需要严格按照算法执行特定任务，不需要负责发货全流程。

机器人来袭

为补充管理仓库的算法，亚马逊逐步引入了越来越多的自动化设备，但机器人多了并不意味着仓库工人的任务就更轻松了。它们确实加快了仓库的工作速度，只不过加快的是工人的工作速度，还提高了工伤率，使工人之间愈发疏远。虽然亚马逊全球各地的仓库工作风格都差不多，但有一些仓库的自动化水平更高。2012 年，亚马逊收购了一家名为 Kiva 的创业公司，并将其更名为亚马逊机器人（Amazon Robotics）。有一些履行中心已经配备了该公司的机器人货架系统，这些仓库的工人不用亲自进入过道拣货，机器人可以代劳。从外观上看，这些机器人就是 Roomba 吸尘器的放大版。

机器人名为 Kiva，又圆又扁，颜色不用说，自然是亚马逊经典橙。它们带着装有几十个独立单元格的高大黄色货架在仓库地上飞驰。算法组织着这些机器人的行动，让它们取来正确的货架，直接送到负责的堆装工人或拣货员那儿。底盘上的光电池使这些机器人能够沿着地板上绘制的特殊路径前进。工作人员只需要站在配有扫描仪和电脑屏幕的工作站前等货就行了。货架送到工作站后，负责的工人会按照计算机指令对货架上的商品进行拣选和扫描。与此同时，其他机器人都排成一列，等拣货员完成手里这单后就会立马跟上。这些机器人体型较大、速度也快，所以需要采取一些特别的保护措施。在配备了机器人的仓库里，金属栅栏负责将工人与数百个载着货架飞驰的机器人隔开。装有"可分类"（可以徒手搬动的小型商品）商品的履行中心会配备 Kiva 机器人。Kiva 随身携带的货架上有一个个的小立方体形的单元格，用于摆放教科书大小的货物。"不可分拣"的履行中心内配有一款更先进的亚马逊机器人，体型更大一些，名叫 Hercules，它们负责搬运电视机和自行车等更大的货物。此外，亚马逊还在引入其他机器人，如负责搬运托盘或箱子的机械臂 Robo-stow 和 Kiva 的升级版机器人 Pegasus。

早在很久以前，就已经有人开始试着让不同工人负责不同生产环节了。19 世纪，美国屠宰场的管理人员首次尝试将活着的牲畜赶到大楼里统一宰杀，之后再转移到不同的工作区域，由各区工人处理，最后切成肉售卖。随后，福特公司也在其工厂内采用了这种连续流动的生产方法，只不过不是用来处理牲畜，而是用来组装汽车。这种方法将大任务拆解成小任务，分配给不同工人，提高了屠宰场和汽车厂的生产效率。与做手艺活儿的师傅不同，装配线上的工人只需要负责复杂过程中的某一步骤。亚马逊也沿用了这一模式，用机器人加快了站点的拣货速度，简化了工人的工作内容，但这些机器人进一步剥夺了工人的权利。比如，在仓库内使用 Kiva 机器人拣货就意味着堆装工人和拣货员不再需要了解拣货塔的构造。

亚马逊机器人不仅能充当固定劳动力，还能实现高效仓储，货架可以放在一起了，不再需要预留过道空间。那些装配了机器人的仓库，每平方米仓储量是普通仓库的两倍。但机器人还是无法完全取代人工，即使是在那些部分实现自动化的仓库里，仓储和检索这种重复性劳动仍需要靠人力。这些仓库和未配备 Kiva 机器人的仓库一样，用的都是混乱仓储模式。实际上，一个履行中心配不配备机器人和其启用早晚无关，新的履行中心里不一定就有机器人。在一些商业和物流情况不佳的地区，亚马逊还是很谨慎的，不会在履行中心内配备机器人。有了机器人，仓库的工人们就不用在拣货塔里走来走去拿货了，但机器人改变的仅仅只是工作的物理性质。

蒂娜（Tina）和乔治（Giorgio）曾在 FCO1（罗马附近的一个机器人仓库）工作了两年，我第一次见到他们是在组织仓库员工的工会办公室。在与这两位年轻人的交谈中，他们坦言，自己早就发现了这一点了，机器人能改变的只是工作的物理性质。不过有了 Kiva 机器人，不需要整天走来走去了，这一点他们还是很满意的。但与此同时，他们也开始觉得工作站不亚于一个笼子，其他工人也有这种感觉。蒂娜说："你知道吗，有一次，经理路过我的工作站，居然嘲笑我，问我想不想吃点花生米。我们就像猴子，在笼子一样的工作站里完成拣选工作。"乔治指出，仓库工作极其重复："你一直都在不停地拿上拿下。"说实话，那工作站确实很像笼子，周围布满网格，将工人相互隔离并保护他们不被机器人撞到。

MXP5 并未配备 Kiva 机器人，但一些工人参观过机器人履行中心，所以常说起它。佩皮诺告诉我，Kiva 机器人给了工人一线希望，至少对他来说是这样的。他说："我们去西雅图参观过，看到过最先进的履行中心是什么样的。那儿非常自动化，体力活少了 50% 或 60%。虽然最累的活儿还是需要人来干，但机器能分担点儿压力。"其他人则比佩皮诺悲观。看到机器人仓库的照片，听完 FCO1 工人的工作经历后，玛丽亚很担忧，她说："我们很担心，有了这些机器人，我们就只能被单独关在像笼子一样的工作站里。到时候，货架会直接通过机器人运过来，平板电脑会告诉你东西要放在哪儿，你只需要在工作站内点击、存放或拣选，和同事零交流。"透过机器人仓库，玛丽亚看到了人际关系更为疏远的未来仓库。她说："在这样的仓库里，要干的体力活儿确实少了，但成日关在笼子里，只能和电脑相处，我会受不了的。"

玛丽亚设想的这种情况确实不太妙。但除了心理层面的问题，引入机器人还会带来更多物质层面的问题：机器人横行会给仓库带来很大的安全隐患。而且，Kiva 机器人是被用来加快工作速度的，它的工作速度很快，为了跟上节奏，工人就得提速。机器人仓库的工作速度通常比非机器人仓库的工作速度快。例如，据报道，引入机器人后，拣货员的速度从 100 件 / 时提高到了 400 件 / 时。蒂娜和乔治说，在 FCO1，他们得每小时拣选 500 件货物。也正因此，配有 Kiva 机器人的仓库的工人受伤率比没有机器人的仓库高了 50%。[25]

数据痴迷

即使有了技术，亚马逊也还是需要工人。如果非要说技术带来了什么，那就只能用乌苏拉·胡斯的那句话了，技术使资本更需要那些在仓库工作的"真正的人和真正的身体"了。[26]当马克思说机器创造了"新的激励"，满足了资本对他人劳动的"贪得无厌的胃口"时，[27]他想到的是 19 世纪工业资本主义的工厂。在今天的数字工厂中，资本的胃口一如既往。亚马逊通过软件系统来控制和引导工人，招聘了大量工人，让他们干几周或几个月的重复性体力劳动，之后不久就解聘他们。但亚马逊也与 19 世纪工业资本主义的工厂有不同之处。数字机制是在工人的基础上建立起来的，仓库不仅需要工人的劳动，也需要他们的劳动数据。负责仓储和交付的软件系统需要不断地将工人所做的一切变成数据，交由千里之外的算法来处理。之后，这些数据会用来分解、重组、严格控制工人的劳动过程。

在亚马逊的数字工厂中，技术一直在更迭，但不变的是对工人效率的控制和监管及工人的可替代性。

这种资本主义策略并不是什么新鲜事儿，研究工业资本主义中的劳工的学者们早就多次提及这一策略。例如，20世纪70年代，社会学家哈里·布雷弗曼（Harry Braverman）曾研究过工厂工作，在其研究中，哈里描述了管理层收集知识并利用对这些知识的垄断来"控制劳动过程的每一步及其执行方式"。[28] 他认为自动化是延续和巩固工厂独裁的工具。20世纪60年代，工人主义者在分析菲亚特公司的劳动过程时，也指出了流水线工作将任务分解和标准化，使每个工人只需执行一个重复的动作，以实现资本对劳动力的统治。[29]

在当代数字资本主义中，除了亚马逊以外的很多公司也在收集大量劳动数据。学者肖莎娜·祖波夫（Shoshana Zuboff）描述了一种新兴的"监控资本主义"，这种资本主义的特点就是广泛收集所有用户的数据。[30] 祖波夫以我们日常生活中的东西为例，指出：如果我们有一部智能手机，那我们走路、购物，甚至在客厅里聊天时所做的一切都会被记录下来，变成数字数据，被算法分析。之后，资本家就会根据这些数据向我们推销商品，控制我们。其他学者也研究过这一问题，媒体理论家尼克·库尔德利（Nick Couldry）和尤利西斯·梅希亚斯（Ulises Mejias）就描述过这种变相的殖民关系：数据像自然资源一样被"开采"出来，为少数公司牟利。[31] 我们的一切行为在祖波夫眼里都属于"行为盈余"，谷歌和脸书广泛收集用户数据，因为它们能为公司创造价值。不管是在亚马逊网站或 Amazon Go 无人便利店购物，还是与语音助手 Alexa 交谈或在 Prime Video 上观看节目，用户数据都会被记录、分析，用于改善服务或刺激消费。几乎所有行为，就连最不经意的举动都能被数字平台数据化和价值化。[32] 不过，这些数据仅供企业商用。

不过，同样的事情，放在工作场所中就复杂多了。工作时，工人不仅是被监视的对象，还被督促着去完成那些能产生有价值的数据的具体工作，以供机器分析。工人劳动和数据收集系统相互依存，工人不劳动，系统就无法运作。总的来说，工人还是有主观能动性的。在仓库里，如果没有拣货员和堆装工人持续的体力劳动，数据收集就无法进行。鉴于工厂工作的这一特点，工人主义者将劳动和资本之间的关系描述为：资本努力控制其价值源泉——工人。正如政治理论家马里奥·特龙蒂在 20 世纪 60 年代初所说，"工业史就是一部生产劳动的资本组织史"，因为"先有生产劳动再有资本"。因此，"资产阶级从其诞生起就从属于工人阶级，所以他们要剥削"。[33] 也就是说，资本依赖劳动，所以资本家通过控制工人将生产流程分割来掌控局面。对于那些抵制机器设定的规则和流程的工人和那些刻意放慢速度或罢工的工人，资本无能为力。这意味着在工业资本主义中雇主必须说服工人遵循流水线规定的节奏。在数字资本主义中，雇主必须说服工人服从算法的命令，遵循规定的节奏。不管是工业资本主义还是数字资本主义，都需要压榨工人，迫使他们努力工作，达到和机器同步的速度。[34]

即便工人的活动数据已被悉数纳入软件系统，资本家仍需要控制他们。[35]且随着工作场所技术的增强，对工人的控制还需要进一步加强。说白了其实就是为了节约成本：对资本家来说，机器越贵就越需要有效利用，否则就属于浪费。所以，越是将库存交给自动化和算法来管理，亚马逊就越需要想方设法把工人当机器人用，跟上自动化的快节奏。那么，如果工人拒绝会怎样呢？为了最大限度降低这种风险，亚马逊部署了一套独特的管理技术。数据化不仅能让工人对库存状况一无所知，还能监视他们，监测他们的工作效率，必要时还可以处分他们。亚马逊在工作场所实现了技术创新，不为解放工人，只为用这些技术成果来继续施行各种专制主义，这不禁让人想起早期工业资本主义的动荡岁月。此外，亚马逊管理人员还在努力创造一种能确保工人努力工作的工作场所文化。

第三章　玩得开心

　　条码扫描仪不仅是用于组织仓库工作的主要工具，还是亚马逊管理技术的核心。这些管理技术被用来监控员工，敦促他们赶上仓库的快节奏。登录系统后，工人就相当于在管理层面前毫无隐私了，时刻被仓库系统控制着[1]。扫描仪不仅用来分配任务（"去 Y 过道的 X 单元格子里拣选毛绒熊"），也用来监视工人的一举一动，经理可以通过扫描仪数据查看工人的工作速度和上厕所频率。之后，经理和监督员（在亚马逊统称为领导）就会根据这些数据决定是否惩罚或解聘工人。所以，工人的扫描仪屏幕上时不时就会弹出一条信息："去见领导，进行工作谈话。"扫描仪还可以用来提问和投票，如"你在亚马逊工作感觉如何？"这些功能都表明，仓库对工人的控制早已超出了身体控制，开启了意识形态控制。

　　扫描仪启用的技术和亚马逊用来监控和说服工人、管理他们身体和思想的其他管理工具是经营仓库的关键。我们习惯性认为工人依赖雇主，但其实，资本更依赖这些工人。怎样才能在满足资本家控制工人的需求的同时又让工人不反抗呢？这就要说到资本主义生产关系的一个共同特征：雇主必须想方设法应对工人对被支配的抵制。毕竟，工人与资本家利益不同，资本家需要通过工人的劳动获利。对此，亚马逊管理层的方法是既给员工压力，也提醒他们工作的乐趣，在施行残酷苛刻的纪律的同时，很巧妙地通过游戏、心理暗示和幸福承诺来激励工人自律。

亚马逊因其特有的数字监控系统而闻名，条形码扫描仪是该系统的组成部分之一。除此之外，公司还会通过摄像头、身体扫描仪、社交平台来监管员工。以上这些都有助于亚马逊营造出一种以技术为媒介、由仓库主管和经理负责执行的专制主义氛围。这些经理人员会在工人速度不够快时加以训斥，惩戒那些不断收到解聘或不续约警告的工人，并制定激进的反工会策略。除此之外，他们还负责一些别的事儿。其实，真正体现亚马逊激进管理文化的并不是其惩罚措施。诚然，亚马逊会给员工警告和压力，但与此同时也会营造出一种乐趣文化。领导的任务就是将仓库变成有吸引力的、气氛欢快的工作场所。为更巧妙地引导工人投入工作，为企业创造利润，亚马逊用了一些人力资源方面的方法。比如，让工人们在配有彩色沙发、桌上足球和街机游戏的食堂里度过他们的午休时间。在每天的简会上经理都会提醒工人们唱唱歌，活动活动。夏威夷花环节那天，工人们会戴上花环。有时，当机器人带着货架过来的时候，工作台的电脑屏幕上会提醒拣货员"发射爱的光波"。

这种刻意营造出来的随和欢乐的氛围似乎与仓库工作的其他方面所体现出的残酷相冲突。管理层努力将仓库打造成充满趣味的工作场所，但一边的拣货塔内暗无天日，时刻透露出专制主义色彩，另一边的休息室里，窗明几净，阳光明媚。在这样的矛盾下，你该如何自处？正如一位来自新泽西州的仓库前雇员在网络评论中所说："招聘时幻灯片上写的那些内容和第一天的迎新会就像是一场梦。招聘团队和管理人员承诺的那些都只是空中楼阁罢了。真正成了拣货员之后就会发现，这是一个枯燥重复、无聊、吃力不讨好的工作。"亚马逊口号是让员工"玩得开心"，但事实上，一旦工作起来，这一条基本都被忽视了。亚马逊的管理系统恩威并施。部署这一系统只是为了确保工人能跟上生产力水平，以足够的体力和灵活性投入工作，说到底就是为了控制他们。仓库内既有无所不在的监视摄像头、严苛的管理，也有刻意营造的"乐趣"和"享受乐趣"。这种明显的冲突让员工觉得奇怪又矛盾。但对亚马逊来说，这二者无比和谐，施压和营造趣味都是有效的管理措施。

游乐场式仓库

"一，二，三。列队。"每次轮班开始和午休结束时，所有工人都必须参加由管理层领导组织的"简会"（在美国也叫"站会"），会议时长5分钟，旨在提升员工的参与度。会议上，所有工人都需要举手，当着其他同事的面讲一个"成功的故事"。其他工人必须欢呼雀跃，甚至跳舞。经理经常在会上点评工作，点评完后工人们也得欢呼。

扎克在MXP5工作期间只经历过一次旺季，但他至今都记得简会上经理说的那些激励的话："昨天我们仓库的生产率简直太牛了！"说完后，掌声雷动。还有一次，他告诉我："经理去另一个仓库考察了一段时间，回来之后也是掌声雷动。"2020年新冠疫情期间，简会越开越多，经理借此来激励和安抚担心新冠疫情暴发的工人。事实上，简会可能是最能体现亚马逊在尝试构建令人愉快的仓库工作氛围的活动了。它反映出，公司自上而下都被强制要求塑造一种公司文化，在这种文化中所有人都为仓库的业绩喝彩，所有人都觉得在仓库工作很酷、参与感很强、很开心。

有一些工人挺喜欢开简会的，年轻的临时工埃莉萨（Elisa）最初对这种做法感到疑惑，觉得很奇怪。但据她所说，在MXP5工作几个月后就不觉得开简会很奇怪了，因为她发现比起孤零零地在拣货塔工作，开简会是唯一能让她有集体归属感的活动。埃莉萨说："慢慢地人们就会习惯它，而且从心理上来看，简会的确有点儿作用。因为开简会的时候你会发现，这么多不同种族背景和不同阶层的人，个个都面带微笑。是亚马逊创造出了这种'盛况'，看到这些微笑的同事的确蛮让人开心的。"为了说明这一点，她给我举了一个例子：在星巴克，咖啡师做好豆奶咖啡后会喊客人的名字，这时候客人会觉得人与人的距离更近了一些。在亚马逊，经理会用一些昵称来和工人们打招呼，被用昵称招呼的感觉和被星巴克师傅喊名字的感觉差不多。确实，当我去履行中心参观的时候，我发现的确如此。在 MXP5 履行中心内，只有机械修理工、卡车司机和其他蓝领类型的工作人员被称为"工人"。其他的拣货员和堆装工人都被称为"男孩们"或"女孩们"。

有一些工人欣赏这些做法，但其他人对简会和其他促进仓库文化的活动感到失望，特别是那些一看就是为了提高仓库生产力而举办的活动。每每谈及仓库这种乐趣文化的缺点，工人常提起简会，认为那是"作秀"，堪比"匿名戒酒会"。不过，不是每个人都这么敢说，很多人都是敢怒不敢言。全职员工比临时工享有更多的劳动保护，而临时工能否续签合同可能就取决于他们的生产力以及对亚马逊快乐文化的信奉度。尽管如此，在与我的交谈中，还是有一些工人表达了自己的困惑。

五十多岁的临时拣货员艾玛（Emma）告诉我，仓库要求工人时不时伸展下身体，锻炼一下，为拣货塔内的体力劳动做好准备。领导会选一名员工去前面做示范，而被不被选上和你的性别有关，领导喜欢叫女孩儿上前。艾玛说："那些领导都是男人，他们总是喜欢叫年轻女孩儿上前做伸展运动。"

和我聊到简会的时候，基层员工总是恨得牙痒痒。卢卡（Luca）是一名全职工人，负责外发。他说："简会是为了激励大家，领导会告诉你，到目前为止，我们拣货量还不够，所以在结束轮班前这段时间你得加把劲儿。"他们试图鼓动大家，比如说："伙计们，今天的任务量是 20 万件，大家有信心做到吗？"说半天，其实就是为了让你激动起来，一会儿多干点儿活。显然，在 MXP5 工作了三年，卢卡已经厌倦了每班两次的简会。他发现，就算目标量已经达到了，领导们也熟视无睹，不让工人慢下来歇一歇。

甚至早在被招进仓库之前，工人们就常遇到这种家长作风式文化了。从一开始，那些招聘方就把工作和道德捆绑在一起做宣传。在多伦多的一次招聘会上，亚马逊代表告诉在场的各位，亚马逊的工作都是为了满足客户和他们的需求。为了说明这点，招聘人员还讲了个故事：一个买家为他的孩子订购了一份圣诞节礼物，但由于某些原因，礼物没有在承诺的时间内送到。但圣诞节很快就到了。因此，一名员工亲自开车将包裹从仓库送到他们家。"这是真实的故事，就发生在美国的某个地方。"他们总结说。一些工人对这种行为嗤之以鼻，他们很直白地说，领导们会包围你，给你洗脑说："想想吧，伙计们，今天多亏了你，很多孩子脸上都洋溢着笑容，你给成千上万的家庭带来了欢乐。""每当这时候，我都想用头撞他们。"卢卡很痛苦地说道。或许卢卡可以试试 2021 年美国仓库新推出的冥想活动 AmaZen，这也许能改变他的态度。根据亚马逊的新闻稿，该活动能"指导员工在个人互动亭中进行正念练习，包括引导冥想、积极肯定、有声平静场景，等等。"[2] 不管内心是否平静，被迫变得积极向上都让很多工人觉得很矛盾，使他们变得愤世嫉俗。愤世嫉俗背后是对企业文化的不认同，这种不认同使工人拾回了建构自我身份的能动性。说实话，亚马逊这种快乐文化很难得到认同，毕竟它和履行中心内实际工作的体验差别太大了。正如一位来自印第安纳州的失望工人在网络评论中所描述的那样："休息室里的确有电子游戏，但我休息时间太短了，没时间去玩啊。"

位于皮亚琴察的 MXP5 内没有街机游戏，但它的休息室和所有的亚马逊履行中心一样，到处都体现出亚马逊想要把仓库变成有趣的、友好的工作场所的雄心壮志。红色、黄色、绿色的沙发散布在桌上足球、乒乓球和大屏电视旁边。墙上贴着下一次团体活动或比萨之夜的宣传。当我走过另一个履行中心的食堂时，我不禁想到了山景城的谷歌大楼，那个园区色彩缤纷，谷歌的工程师们在巨大的恐龙骨架或宇宙飞船模型的环绕中工作，并在高档的食堂用餐。员工们能庆祝夏威夷花环节、世界巧克力日等，各种节日不胜枚举。这还不是谷歌一家的操作。让我们把镜头切换到波特兰附近的 PDX9 仓库内，一支专门的团队正准备在履行中心展示气球艺术，橙色的 Kiva 机器人悬挂在天花板上。与谷歌总部一样，PDX9 的仓库建造看起来像个游乐场：一个随意又有趣的工作场所。说到科技初创公司，我们会想到摆满了玩具、豆袋椅、降噪午睡室和涂鸦壁画的工作场所，这已经成为这类公司的文化特征，象征着技术创新和白手起家的企业家精神。[3] 就像乔布斯那句著名格言说的那样，"保持愚蠢"。亚马逊急于利用这种文化吸引力，这一点从仓库食堂和休息室的陈设就可以看出。

科技初创公司的文化绝不仅体现在陈设上。在我第一次参观 MXP5 时，我惊讶地听到其中一个分拣区在播放嘈杂的音乐。同时，当天带我们参观的工作人员还特意强调，亚马逊没什么着装要求。穿短裤、染彩色头发在这里都是受欢迎的，亚马逊从在西雅图开设第一个仓库开始就执行这一政策了。其他公司的着装政策也差不多。不管是导游带领游客们参观仓库还是工人在网上推荐亚马逊时，他们总会说到着装政策。有时，着装政策甚至成了亚马逊"有趣"的一个重要体现。一位工人在网络评论中说，新员工入职培训时会被告知在特殊的日子里可以穿着连体衣或睡衣来上班。他回忆称，当时迎新人员告诉他们："我竟不知老板还有海绵宝宝连体衣。"看上去这个迎新人员开这个玩笑得有一百多次了。[4] 工人还必须学会说一系列由企业口号组成的"亚马逊行话"，比如"交付成果"。这种语言深入人心，即使下班后，很多工人也总在不经意间脱口而出。一名工人告诉我，在 MXP5 工作几个月后，打扫公寓在她口中都变成了"做区域准备"。

有趣的态度、行话、不停召开的激励简会、休息室布局，以及所有其他用于确保工人依附于企业文化的方法都不是亚马逊自创的。大多数研究的内容都是如何提高员工幸福感，每天召开简会也早就成了依靠团队工作的大公司的家常便饭。也许皮亚琴察的其他公司不这样，但在先进的制造业公司中，简会很常见，例如意大利菲亚特汽车厂。在很多方面，亚马逊都严格遵循着管理大师们倡导的游戏规则，这些管理大师鼓励将工作场所打造成让员工"努力工作/玩得开心"的环境。非正式着装、办公室聚会、游戏和幽默——所有这些都是优秀管理的标志，能够提高员工的积极性和创造力，消解他们的反管理情绪和压力。组织研究理论家彼得·弗莱明（Peter Fleming）称这种文化为"管理出来的快乐文化，其最终目的是赋予琐碎的工作使命感"。[5] 这就是说，亚马逊的文化不是从社交互动中产生的，而是自上而下设计的——团队领导和经理的任务就是不断执行它。

然而，一些工人对此很抵制，并想方设法避开这种管理出来的娱乐文化，他们利用休息室、拣选塔的过道或仓库外的匆忙会面，建立自己的社交空间。事实上，虽然（在工作之余）工人们可以在食堂和其他公共空间放松和社交，但许多人都表示："仓库并不鼓励人们互相交往，虽然不会被惩罚，但领导和经理总会在餐厅待着。"MXP5 的季节性拣货员扎克也有这种体验。

通常，从招聘开始，招聘人员就将工人对标企业文化了。[6]埃莉萨到现在还记得临时工中介给自己做的测试：

> 就连能力测试里也有很多奇怪的问题："你觉得自己是个积极的人吗？你比其他人更幸运吗？你每天都感到快乐吗？"这些问题太诡异了。还有诸如"你觉得自己准备好了吗？"这样的问题。可是，准备什么呀？你什么都不知道，但你还是得回答这个问题，因为你知道他们想要一个积极的、感到幸运的、做好准备的员工。

很多行业在招聘时都做性格测试，但在亚马逊，这种测试并不止于招聘。工作后，工人依然得做测试，测试通过扫描仪发放，每天的简会中都会涉及其中的问题。

测试的目的是考察员工对亚马逊强制娱乐规则的遵守情况，从而促使员工保持一致。但是，亚马逊将这些测试作为赋予员工权力的工具，将这个"连接"计划描述为一种"实时的、全公司范围内的员工反馈机制，旨在大规模倾听员工的意见并从中学习，以改善员工体验。每天，'连接'问题都会通过电脑、工作站设备或手持扫描仪发放。"[7]2020年，亚马逊称每天收到50多万份来自50多个国家/地区员工的21种语言的回答，并说："分析这些回复的数据能为经理和领导者带来启发，以便在发现问题或发现可改进的地方时审查并及时采取行动。"

美国的一位亚马逊工人于2017年在博客上发布了一个故事，说明了"连接"系统是如何运作的：

……开始轮班时，我拿起了扫描仪，之后它就开始问我：

你觉得在亚马逊工作怎么样？

（1）很好！

（2）太棒了！我为能在亚马逊工作而感到自豪！

通常我都会选（2），但我最近发现可以向下滚动屏幕（知道大家好奇，我就直接说吧。下滑后你就会看到一个橙色的按钮，上面有数字 8）。点一下你就会看到其他两个选项：

（3）我希望工作中能用到不同的技能。

（4）不想回答。

我心想："还挺好玩儿。其他人会不会都不知道还有俩选项？"不过，不管答案有几个，我肯定还是只能选那个正确答案的，所以我还是和以前一样选的……这时候，扫描仪上又出现了另一个问题："你对这句话有什么感觉？"

"亚马逊为我提供了成功完成工作所需的所有培训。"

（A）非常同意

（B）同意

（C）不反对也不同意

我正准备回答，突然想起前面那题隐藏选项的事儿。我向下滚动屏幕，你猜怎么着，果真还有两个选项。

（D）反对

（E）非常反对

像往常一样，正确的答案是前两个回答。所以我选了，选完后便继续了我的工作。

为了逃避一会儿监控，我去了仓库里唯一没有摄像头的地方：卫生间。小便池上方贴着一段话：

"当被问及是否拥有完成工作所需的所有技能时，82% 的人表示同意或非常同意！如果你觉得自己没能得到足够的培训，请联系人力资源部。"

我惊呆了，居然有 18% 的人冒着被解聘的风险选了反对。这问题可是实名回答的，后台的人可都在看着呢。[8]

工人们说，填写这些问卷就像是在控制你的意识形态。虽然亚马逊声称"任何问题，员工都有权选择回答或者不回答，每个人的回答都会被匿名汇总交给管理人员"。[9]但大家还是担心这种"保密"的真假，害怕回答错了被领导找去谈话。除此之外，为让工人参与到仓库的民主和参与式决策中，亚马逊还推出了许多自上而下推行的管理措施，特意设置了"员工之声"白板，旨在"供员工向领导提出建议、问题和诉求，随后领导会回答这些问题、改进工作。"[10]我参观仓库的时候，导游也讲述了公司是如何根据收集到的反馈改进工作流程或解决问题的。比如，听取员工建议后，公司将储货箱放到了货架底部，这样工人就能像拉抽屉一样拉进拉出，不用再跪着存货取货了。

不过，这位导游和工人说的可不太一样。许多人指出，很多负面的回答都直接被忽略了。在 MXP5 和其他履行中心，我经常听见别人笃定地说："我们需要一个工会。"员工之声白板上也贴满了诸如"为什么不发新冠疫情工资了？为什么我们明明是重要岗位的工作人员，却被招之即来，挥之即去？"这样的问题。不过，这些问题往往没过多久就"人间蒸发"了。显然，管理人员觉得这些问题太老套，不够有新意，所以拒绝回答。不过，亚马逊正在改良员工反馈机制。在包括皮亚琴察在内的许多仓库，白板已经被拿走，取而代之的是电脑屏幕：现在，工人得登录系统才能评论，这样管理人员就能决定哪些信息能显示，哪些不能，还能看到提问者姓名。这样一来，问题不就解决了么，因为没人敢提问了。

忙碌一场，换来个钥匙圈

没有游戏的游乐场是不完整的——即使是一个为确保工人和机器之间彼此协调、高效工作而建的游乐场，也是如此。因此，游戏化自然而然地成了亚马逊强制性乐趣文化的重要内容。所谓游戏化，就是将游戏给人带来的愉悦体验与生产活动相结合的过程，又或是如管理理论中的一个定义所描述的那样，游戏化是在工作环境中玩一些"雇主强行要求玩的游戏，游戏的目的是更好地实现雇主的目标和目的"。[11]休息室里那些法式足球桌和街机游戏机只是为了给玩家带来愉悦体验，而游戏化更高了一层，旨在直接影响工作本身。通常，游戏化会被美化成"工人一起玩游戏",游戏化强化了强制性乐趣文化,还通过游戏中的竞争元素进一步促进了这种文化的形成。在仓库中,游戏化以多种方式呈现。条形码扫描仪就体现出了游戏元素:拣货员必须加速工作,让扫描仪的灯光不停地闪烁。他们还得赶在时间条倒数结束前拣到商品。时间条长度不一,有 90 秒、45 秒,也有 60 秒的。这场游戏你能通关吗?在越来越多的美国履行中心,亚马逊甚至开始用简单的视频游戏,如《太空选秀》(*PicksInSpace*)、《赛车游戏》(*Mission Racer*)和《堡垒工匠》(*CastleCrafter*),让员工们进行一些"有趣的"竞争。计算机系统会将工人的身体动作,如拣货,转化为游戏中的虚拟动作,并将其显示在工作站的平板上,这样工人从 Kiva 机器人存货取货的时候就都能看得见。如果一个工人拣货并将货放入篮子的速度越快,他们的推车在虚拟轨道上就会移动得越快。获胜的工人就有机会赢得虚拟"礼币",可以用来换取物质奖励,如亚马逊售卖的商品。

除了这一游戏,亚马逊还有其他办法来提高生产力。经理们会发起名为"强力时间"的比赛,这场比赛长达一小时。其间,同一组的工人都要尽可能快地完成工作。一场比赛下来,每小时拣货量甚至比繁忙时的拣货量还多。通过这一比赛,亚马逊压榨着员工,为自己赚得高额利润。作为交换,员工可能会得到些小奖品,如品牌钥匙圈或电影票,还可能获得团队公开表彰，不过表彰后一般都只有稀稀拉拉的掌声。

蒂娜和乔治曾在FCO1（罗马附近的一个机器人仓库）工作，他们告诉我："管理人员会通知你，明天早班和夜班都会举办一次强力时间比赛，他们会根据工作速度评选出最佳团队。获胜团队能拿到亚马逊的礼品：一个水壶，一件T恤衫。"团队里也不是人人都有奖品，蒂娜说："完成量最大的工人才能拿到奖品。"乔治觉得拿奖品"很酷"，因为就一个人能拿到。对此，蒂娜说："是的。别着急，仓库里经常会举办强力时间比赛，早晚能轮到你拿奖。"是的，特别是旺季的时候，生产力要求很高，仓库里会更频繁地举办强力时间比赛。通常这时候，经理也更在意这些比赛，因为这已经不再是激励活动，而是变成了能否满足订单需求的关键比赛。然而，许多工人并不以为然：全职员工经常在比赛时偷懒，甚至刻意放慢速度。而那些等待续约的临时工必须假装参与进来，并乐在其中。蒂娜说："反正最后也就奖励个钥匙圈。"说完她叹了口气，是啊，毕竟他们这么努力地赢得比赛，有时候厕所都不上，最后就只换来了这个。

亚马逊全球仓库网络中都这么玩。伊利诺伊州的一名工人在网络评论中说："强力时间比赛的奖品都不怎么样，第一名奖励10美元，我上一小时班赚得都比这多，真是费劲。还得用兑换券领奖，有时候结果会隔一个星期才宣布，领导们可能压根儿不记得你赢过。最后，恭喜你，得了个寂寞。"在服务经济中，这种事儿很常见，甚至已经成了客服中心惯用的套路。数字资本主义把这套方法搬过来，为自己谋利。比如，零工经济的代表公司来福车（Lyft）每周都会组织"强力司机"挑战赛，司机需要完成一定数量的订单以获得奖励。[12]

工作场所的游戏由来已久。虽然上文的描述将游戏化明确定义为玩游戏，但长期以来，管理层更喜欢用一些更微妙的游戏化方法。其中一个最有名的方法在社会学家迈克尔·布拉沃伊（Michael Burawoy）20 世纪 70 年代出版的关于美国工业劳动的书中被提及。在书中，布拉沃伊分析了工厂里的工人为何"糊弄工作"。一方面，为加快自己的工作速度，这些工人有的偷工减料，有的用作弊工具。而另一方面，雇主鼓励相互竞争，把劳动过程变成一场游戏，通过计件工资制度聘用工人以提高产量，赚更多的钱。布拉沃伊追溯了这一现象的缘起。工人这么做是出于自身利益考虑，比如，他们可能是为了之后能休息一会儿而采取某些手段加快工作速度。但最终，这种工作方式受益更多的是雇主。同时，在这一过程中，工人对管理层的不满被潜移默化地转移到了同事之间的竞争中，同事关系被破坏。这样一来，他们就不太可能再联合起来集体反对计件工资制度。[13]

而那些比较新的游戏化手段则引自管理理论，这种手段更明目张胆地为公司谋利。游戏化属于"软控制"，促使着工人在管理人员规定的时刻，以特定方式提高自己的工作速度。一些零工经济应用程序中还用了一些赌博元素，如优步和食速达（Foodora）。通过对拉斯维加斯老虎机玩家的民族志研究，娜塔莎·道·舒尔（Natasha Dow Schull）证明了制定赌博奖励机制并不是为了满足赌徒们的个人偏好，而是为了激发、加深和放大赌瘾。比如，老虎机会给玩家制造一种迷境，当你拉动拉杆，出来一行图案后，这一行的上面和下面都会有一些樱桃，暗示你再来一把就可以赢了，只需要再投一次币。[14] 算法管理采用这种思路后，也可以达到激励特定行为的效果。例如，通过提高某个街区的接单价格让司机一窝蜂地往那儿涌。[15] 游戏化有助于资本控制工作节奏，打消员工慢下来、休息一下的想法。这也是泰勒很关心的问题：现代的游戏化进一步延伸了泰勒主义，不仅能有效防止工人怠工，还能激励他们加快工作速度。

因此，亚马逊将工作游戏化，努力使工作充满活力，更加有趣，以便从工人疲惫不堪的身体里榨出最后一盎司的利润。公司管理人员很努力地确保这种游戏化和它所实现的控制不会让人觉得专制。不过，仓库游戏与人们自发在工作场所玩的那些颠覆性游戏还是不同的。后者是因为工人自己想玩，而不是被迫。[16] 哲学家韩炳哲描述过当代权力的友好性：这种统治需要建立在积极情绪的基础上，并以自由的形式呈现出来。在这种新型统治下，为了让工人自发想玩，管理者努力扮演激励教练的角色，努力和工人在情感上建立联系。[17] 仓库游戏在很多方面都反映出了这种友好型权力，但亚马逊的乐趣文化管理只反映出这一复杂的管理制度中的一部分，仓库工人所经历的权力关系并不总是那么友好。

小心，有人在监视你

在仓库里，工人们无时无刻不被监视。亚马逊的员工监控系统可谓全世界有史以来最复杂、最烦人的。在最近一份关于亚马逊政策的报告中，作者直截了当地把标题写成了《到处都有眼睛》。[18] 美国弗吉尼亚州一位拣货员在网上留下的评论更加直白，直接用大写英文字母写道："EVERY SINGLE THING YOU DO, YOU ARE BEING WATCHED! "（你所做的每一件事，都在被监视着！）的确，工人随身携带的条形码扫描仪监视着他们的一举一动，追踪着他们的工作效率和休息时长，并将这些信息报告给经理和监管人员。除了扫描仪，整栋楼里到处都有摄像头在录像，监管人员和穿插在工人中的"间谍"会随时查探是否有集体组织和工会活动。所有这些数据都可用于纪律处分。用太多"休息时间"（Time off Task,

TOT），例如上厕所，可能会被书面警告，更有甚者会被终止劳动关系。在许多履行中心，组织工会活动的人都会被直接解聘。[19]

法国哲学家米歇尔·福柯（Michel Foucault）在其 1975 年出版的《规训与惩罚》（*Discipline and Punish*）一书中，用"全景"（panopticon）一词来象征随着现代性发展而出现的新型控制技术。全景一词是由哲学家和社会改革家杰里米·边沁（Jeremy Bentham）于 18 世纪末发明的，起初被认为是监狱的一种。在他的设想中，全景监狱是一个圆形的监狱，牢房围绕着中央瞭望塔建造成一圈。这种结构下，一名警卫能在塔里监视所有牢房而不被犯人看到。此外，囚犯无法知道自己是否被监视，何时被监视。用福柯的话说，在这种不对称的监视系统中，全景监狱里囚犯只能假设自己正在被监视。"囚犯们被监视着，他们自己却浑然不知。囚犯只是信息对象，不是交流主体。因此，为了不被惩罚，他们只能严于律己。"福柯认为，现代性将全景监狱扩大到了日常生活中，监视制度和制度性纪律正越来越多地被应用于普通民众。照这种说法，亚马逊正在开发和部署的数字技术就是在进一步扩展和深化边沁的全景监狱：无论是在仓库里还是运送包裹的货车上，工人随时随地都被监视着、记录着。他们的工作数据、个体活动，一举一动都被监视着。

当然，不是只有亚马逊会无孔不入地监视别人。MXP5 所在的圣乔瓦尼堡是一个安静的小镇，那儿社会安定，但还是有数百个安全摄像头，监视着人们的走路、购物、驾驶，甚至是上学。在 2018 年，该镇花了 5 万欧元购买监控摄像头，从托儿所一路装到了当地高中门口。因此，从某种意义上说，工人在哪儿都被监控，在仓库工作只不过是换了个地方继续被监控。但是在仓库里，他们与监控技术的关系更加复杂，因为工人离了条形码扫描仪等技术就无法完成工作，于是他们依赖这些监控他们的工具。

从踏进仓库那一刻起，工人就被监视了，且他们不能带任何私人物品进仓库，进拣货塔时基本上只能带个水瓶。即使是去午休，离开仓库时也得过一遍全身扫描仪，证明没有偷东西。从工人登录扫描仪或工作站的平板电脑和台式电脑等电子产品那一刻起，管理人员就会通过这些控制劳动的软件系统来监视他们。其中最重要的一个软件就是员工发展与绩效追踪器（Associate Development and Performance Tracker，ADAPT），这个软件可以追踪工人的生产力，监控他们执行指定任务的速度，如定位、扫描或打包。ADAPT 负责监管员工是否达到了各自的任务配额，也就是每小时应完成的任务量。配额只是关键绩效指标（KPI）的一个衡量因素。仓库和整个物流业中都在用 KPI 衡量工作成果。这些指标量化了工作成果，提高了工人、团队或工作流程的速度，被用来对劳动进行严格的微观管理。

例如，工人休息如果超过一定时长，就会积累"TOT 积分"。积分太多的工人会受到警告。如果临时工积分太多，合同到期后就可能无法续约。然而，这种刻板的管理方式忽视了工人的个人需求。就连孕妇上厕所时间太长，也会积累 TOT 积分。[20] 工人们怨声载道，都觉得休息时间太少了，工作 8 小时就只能休息 30 分钟，这期间还得穿过巨大的仓库去往休息室。虽说大多数情况下，临时工能否续约或是解聘员工这种事情都是由管理人员决定的，尤其是在劳动保护程度低的国家，但美国的工人亲眼见证了外包的软件系统解聘工人的事情。设想一下，你正用着条形码扫描仪呢，突然弹出一条消息，把你解聘了。工人说，机器经常非法解聘员工。美国仓库的工人称，管理层不仅凭借监视数据处分员工，有时候还会把每个人的 TOT 分数公布出来，施加压力，从而促使大家加快工作速度。

新冠疫情助推了仓库对工人的监控，亚马逊借机部署了相关技术来遏制病毒在仓库内的传播。[21] 此外，亚马逊还部署了一个人工智能摄像系统来监管社交距离，并称之为"距离助理"。距离助理会分析过路工人的位置信息，如果他们没有与同事保持适当的社交距离，摄像头就会把他们投放到公共显示屏上，用红圈圈出来，提醒他们保持社交距离。亚马逊还向嘉吉（Cargill）和芬德（Fender）等公司出售 Panorama（全景）摄像系统，该系统能自动监视其他与新冠疫情相关的违规行为。这些监视系统使用的计算机视觉模型可被训练，用来监测视频画面中的任何"不寻常"的举动。[22] 亚马逊称正在与机器学习技术专家合作来改进这些系统，这纯粹是利用这次健康危机来开拓技术，说不定哪天就用这些技术来加强管理呢。

亚马逊并不只在仓库内部署监控系统。仓库充其量只是他们部署和测试系统的实验室，测试完后才会推广到其他工作场所。亚马逊有个"零工经济"应用程序叫 Amazon Flex，这个程序上的送货员属于"独立承包商"。导航软件会追踪他们的行踪，监测行动路线，用每次送货花费的时间来评判他们的生产力。当然，这上面也存在游戏化，有时候该应用程序会鼓励送货员相互竞争。2021 年，亚马逊要求送货员在汽车后视镜上安装另一个名为 Driveri 的人工智能摄像头。只要汽车一启动，摄像头就会自动打开，持续记录前方道路和车内的情况。在收购了有机食品巨头全食超市后，亚马逊将监控范围扩大到超市工作人员。全食超市能根据工人种族和流动率等指标得出互动式热力图，对可能成立工会组织的商店进行跟踪。[23]

就连亚马逊的客户都会被监视——上网买东西时被监视，

在家时也会被监视：亚马逊通过语音助手 Alexa 聆听客户的私密谈话。亚马逊还通过手环里的应用程序 Halo 监测人们的身体数据。Halo 连接的手环包含了追踪用户体温和心率等数据的传感器。这些数据会呈现在应用程序里，反映出佩戴者的健康状况。不过，你真的觉得健康能以这种方式被量化和计算吗？你还能在亚马逊上买到一些小工具来监视家庭或社区，比如亚马逊门铃（Amazon Ring）。门铃内部有个摄像头，能监视门外发生的一切，为买家保驾护航。但与此同时，亚马逊也悄悄地借着这个门铃，将监视范围拓宽到了家庭之外，产生的监视数据被亚马逊又转手作为一种服务或产品卖给了其他机构。亚马逊野心勃勃，一直在努力推进以消费者为导向的监控系统，甚至还申请了一个名为"监控服务"的专利，计划开发一支无人机编队，专门为买家监测入室盗窃。[24]

亚马逊的监控服务不仅出售给普通民众，还出售给美国执法部门和移民机构。美国有数百个警察部门都在使用亚马逊的分布式监控系统亚马逊门铃：将门铃连接到 Neighbors 应用程序上，该程序就可以生成犯罪热力图。此外，亚马逊还向美国执法机构出售人工智能面部识别技术"Rekognition"。不出所料，该技术被指出存在算法偏见。美国公民自由联盟（ACLU）发现，Rekognition 对有色人种的低识别率给他们带来了很多困扰，而白人却不受什么影响，并指出"亚马逊必须承诺全面暂停让执法部门使用人脸识别技术的服务，还应该承诺停止销售像亚马逊门铃这样的监控系统，因为这些系统会助长对有色人种社区的过度监控。"[25] 除了开发监控产品，亚马逊还通过其他服务支持现有监控系统。例如，为移民和海关执法局的特定数据库提供网络基础设施支持。对此，亚马逊工程师曾抗议过，口号是"拒绝给美国移民和海关执法局提供技术支持"。曾在亚马逊履行中心工作的艺术家兼学者伊巴·阿里批评道，亚马逊门铃这样的产品迎合了"希望用钱购买安全"的市场，市场主体希望"将阶级与种族交织在一起，构筑出一个大门一关，只有白人的'安全'郊区"。[26] 其实，技术监控发展史就是一部控制、压迫非白人的历史。理论家西蒙娜·布朗（Simone Browne）认为，种族，尤其是黑人，是"构想、实施监控的主要原因"。[27] 在亚马逊仓库中，种族也是部署监视的一大考量因素。在许多国家，亚马逊仓库内大部分员工都是少数族裔，所以他们在仓库内部署了近乎极端的监视系统，监视黑人和原住民工人的一举一动，把他们拖向压迫与精神创伤的深渊。

监控仓库工人不仅为了确保他们能跟上越来越不合理的工作节奏，还为了进行政治控制。2020 年，亚马逊在其招聘网站上发布招聘广告，招聘分析员，负责收集"对公司构成威胁的劳工组织"的情报。[28] 招聘信息中明确表示，希望应聘者有军队或执法经历。除此之外，履行中心的经理岗也接受了监视劳工组织的培训。2019 年流出了一段视频，视频中亚马逊经理人员正在接受培训，训练如何在劳工组织初露端倪时发现它们，比如，当工人提到"基本生活工资"时。亚马逊很擅长部署受过专制技术培训的专业人才，这一点是业内公认的。2020 年年底，《维斯》（*VICE*）刊登了一篇亚马逊全球安全运营中心的爆料，指出中心内有部分人员曾是军事情报分析员。该中心位于亚利桑那州的凤凰城，其任务是收集有关工会和社会运动的信息，以防止公司的运营受到干扰。根据泄露出来的内部报告，亚马逊还聘用了平克顿侦探社（Pinkerton Detective Agency）来帮助该中心监控工人。一旦有人想搞小动作，侦探便会渗透到履行中心内，把找茬儿的人揪出来。19 世纪末和 20 世纪初，平克顿侦探社受雇于工业资本家，经常恐吓工会和工人，臭名昭著。其他泄露出来的信息显示，亚马逊还监视和仓库有关的工会及其他组织运营的一些社交媒体页面，包括之前组织 MXP5 罢工的那些工会。[29]

监控员工并不是什么新现象。从 20 世纪初开始，资本家就开始对员工实施监控了。现如今，亚马逊凭借尖端科技实力，引领着数字监控技术创新。[30] 监控工人得来的数据被黑箱化，存放在亚马逊服务器中。有时，这些数据还会被转卖，工作场所的民主因而摇摇欲坠。至此，亚马逊并不打算收手，还计划大力投资技术开发，通过扩大其数字全景监控来加强对工人的控制。专利显示，亚马逊计划引入新的监控技术，包括帮助经理识别工人的增强现实护目镜、跟踪员工行动的数字手环。工人们都很清楚，监控是亚马逊用来维持其权力的一种战略工具。在全球的亚马逊仓库中，已经有一些工人发起了工人运动，呼吁限制或取消监控。

压力管理

实行数字化监控并不意味着将工人的控制权完全外包给算法，科技和监控数据也被用来增强管理权力。和 MXP5 团队领导保罗（Paolo）交谈时，他告诉我，后台能看到工人的监控画面。拣货员来回走动取货的全过程都会留下数字轨迹，供管理人员查看：

> 工人登录扫描仪后，管理人员就能看到每个人每小时做了多少单。画面简单明了，拣货和堆放都是一条线，如果线断了，就说明这个工人去洗手间了或者去休息了。

保罗告诉我管理人员能够看到"工人每小时做多少单，哪些时间段做得更快"。经理和领导会根据拣货员的工作数据采取行动。比如，经理可能会对团队领导说："中午前你必须让他们拣50000件。"不过，保罗解释道："多数时候，纪律执行更个性化，会针对特定的工人。经理会让我去告诉那些速度比较慢的工人，让他们加快速度。但等我到现场一看，他们明明行动很快呀！这让我怎么催促他们？瞎批评他们有用吗？"

与大多数工作场所一样，仓库里也是等级分明，这一点从工人佩戴的颜色不同的徽章上就可以看出来。那些戴着绿色徽章（在北美是白色）的工人是通过中介公司聘用的，这些人的工作是最不稳定的。戴着蓝色徽章的是由亚马逊直接聘用的全职员工。戴着黄色徽章的是"领导"，每个领导负责一小队工人。通常来说，这些领导都是直接去学校聘用的中产阶级大学生。在派往仓库工作前，他们会接受一些岗前培训。比如，亚马逊将那些即将在MXP5工作的人派往其位于卢森堡的欧洲总部，参加企业文化和流程的培训课程。领导之上就是经理了，他们监督仓库内某个特定区域，如出库或入库。经理的招聘要求写得很明白，要"能训练、激励和说服"别人，和之前招聘前军事人员的招聘广告一样直白。

然而，劳动过程自动化程度不断提高意味着经理在技术和组织方面的作用越来越有限，因为给工人分配任务或分析库存等任务大多被外包给了算法以及编写、运行这些算法的工程师。尽管如此，这些被马克思称为工业"军士长"的经理们仍然手握权力。在亚马逊，他们负责执行纪律，继续宣扬文化上鼓吹的那种仓库神话。他们的任务是确保每个人既积极向上又遵守纪律。据保罗透露，经理身上有双重任务："经理是干什么的？是负责承诺的，负责告诉人们'再加把劲儿，生活就能变得更好，你就能得到救赎'，他们负责承诺、诱导、安抚工人，当然，还有惩罚。"惩罚有多种形式，可以是拒绝工人换轻松任务的请求，也可以是不续签合同。

仓库中的权力不对称也表现为信息获取的不对称，因为只有经理可以查看计算工人绩效的汇总数据，[31] 工人通常只知道模糊的数字。经理和领导可能就给个百分比，比如，告诉工人他们只完成了目标的 80%，而不透露具体完成的任务数。因此，工人只能估计自己完成了多少单，看看要以怎样的速度才能达到目标，必要时还要加快速度。有些人通过估算一个篮子平均可以容纳的物品数量，计下自己在轮班期间清空或装载的篮子数量，来计算出他们每小时存放或拣选的物品数量。那些期望在临时工合约到期后转正的工人，还会把全职工人的工作速度作为自己的样本，与他们保持同步。一位加利福尼亚的临时工在评论中描述了这种情况：

亚马逊对工人有"速度"要求，你每周必须存放一定数量的物品才算达标。达不达标很难算，因为每类物品都有一个时间限制（比如说，大型物品每小时 30 件，中型物品每小时 60 件，小型物品每小时 120 件）。要是你每天拣 1000 件，压根儿不可能亲自计算自己是否达到了这个速度。经理们会公布所有工人一天的速度清单，有时每天公布一次，你可以根据清单看看自己速度如何。

速度目标因商品的类型、仓库的面积以及其他取决于管理决策和消费模式的因素而有所不同。

许多 MXP5 的工人都认为速度是压力的主要来源，因为没达标的工人会被重点关注。年轻的临时工埃莉萨说：

> 有些时候你都能看出来，他们是被迫来给我们反馈的。他们抱着电脑，伺机而动。那天我发现他们正盯着我呢，所以我赶紧加速，但他们还是把我喊到一边，跟我说："你不快点儿，我们就得陪你加班了。"

许多履行中心的工人也都有类似的经历：团队领导或经理找到他们，告诉他们："你速度太慢啦，不快一点儿就达不到公司的标准了。"通常，经理都是用条形码扫描仪来给工人下命令的。比如，经理可以通过扫描仪或工作站的电脑，把拣货塔里的拣货员或工作站里的站长喊过来，开"反馈会议"。

埃莉萨就曾被主管找了好几次，被训斥道："你过去的表现一直都是仓库里最好的，怎么现在只达到了目标的 60%~70%？"到底要完成多少才算达标，埃莉萨只能靠猜，仓库利用这种不确定性控制着工人。在纽约的 JFK8 仓库，很少有员工会因为 TOT 积分被解聘。但根据泄露的内部指南，即便如此，仓库还是营造出一种氛围，"让员工知道我们会审核 TOT"，从而制造焦虑。在这样的氛围中，人人自危，工人甚至会在电脑上记录下自己的休息时间，以防万一。[32] 据仓库工人说，除了信息不透明，还有诸多因素制约着速度达标。主管可以自行决定任务分给谁。这意味着有一些工人能分到"简单一点儿"的批次。这些批次中要么是一些可以快速分拣的小物品，要么是一些存放在拣货塔相邻区域的物品。分到这些任务的话，就不需要花太多时间走来走去了。在我与经理交谈时，他们一口否认了这种情况，并坚持认为速度不达标只能怪工人自己手脚不够快。

任何人都有可能被惩罚，而且惩罚的形式多种多样，埃莉萨就曾挨过一次小惩罚，令她印象深刻。她和我说："太专制了，为了让我知道自己不受待见，他们居然没收了我仅有的蓝色挂绳。"蓝色挂绳代表该员工是负责带新员工参观仓库的指导员。能干这工作其实算是很幸福的了，因为可以暂时逃离 8 小时的拣货或打包工作，休息一下。不过，管理人员这么专制，工人也是会反抗的。纵观整个工业工作史，一旦惩罚工人的履行中心内有了挑事者，它很快就会成为工人组织的沃土。

在一次致力于解决亚马逊仓库内部问题的国际工会会议上，一位美国代表将仓库管理描述为"地狱级泰勒主义"。亚马逊过度痴迷于控制工人，提高速度，这使仓库内充满着焦虑的气息。在这种环境中，工人已经无暇顾及对公司的怨恨了，只知道你追我赶，加速工作。美国社会学家埃伦·里斯（Ellen Reese）和贾森·斯特鲁纳（Jason Struna）称这种管理方式为"压力管理"。[33] 显而易见，这种管理方式的核心就是用技术来跟踪、量化工作，评估、约束工人。据 APDX9 的工人说，很多事情都让人觉得压力很大。旺季的时候，扫描仪不够用，"你还得提防着有人在你休息的时候偷你的扫描仪。这是在变相地妨碍工人完成工作，迫使他们相互竞争。"MXP5 五十多岁的拣货员艾玛回忆说，有一次，领导拦住她和一位同事，要就某个问题对他们进行指导。她看到自己的同事一直盯着经理的电脑屏幕，嘴里念叨着："我的工作效率条在下降！在下降！"她发现同事盯着的是一张图表，上面显示她们的工作效率条正在下降。经理以指导为由让她们放下手里的活儿，但系统还登录着呢，效率条一直在往下掉，之后她们还得因为效率低下被惩罚。亲眼看见工作效率条往下掉加剧了艾玛的焦虑，面对如此大的压力，她不得不开始进行自我疗愈。

主管的一些行为也让人压力倍增。值班期间，如果艾玛偷摸着去吃了个点心，随后就肯定会发现经理"拍了照片"，并以此作为她在非午休时间去了自动售货机那儿的证据。在速度大比拼和亚马逊意识形态的驱使下，工人之间也开始互相监督。埃莉萨告诉我，有一次她身体不太舒服，就拒绝了加班要求："那次我拒绝了加班要求，当我退出系统时，其他同事还在卖力工作。那场景简直和电视剧《权力的游戏》（*Game of Thrones*）中的赎罪之行差不多。[34] 那天我都病了，他们还说：'得了吧，你真要走了？'"仓库任务量大，需要加班，许多工人习惯了管理层那一套作风，为跟上仓库的工作节奏相互施压。在这样的环境中，拒绝加班会落人话柄。召开全体会议时，管理人员也会不停地说教，让工人加快工作速度，多加班。长此以往，这种集体控制愈发严重。

对临时工来说，这种多方面的压力简直让人不堪重负。旺季时，履行中心的工人数量会增加一倍，其中包括中介公司聘用的数百名临时工。他们的合同有效期通常只有几个星期。按理说没什么好紧张的，但还是有人拼了命地工作，希望在到期后能续约。亚马逊经理直接与德科集团、万宝盛华公司等中介公司合作，这些公司在 MXP5 门口设有办公室。在这样的情况下，临时工常常会觉得压力更大，因为想留下就得取悦手握去留大权的管理人员。他们高兴了，就给你续签；不高兴了，你就只能卷铺盖走人。所以经常能听见其他员工说，这些临时工顶着巨大的心理压力连轴转。有些人可能挺得住，比如年轻的男员工，他们身强体壮，下班后也不用做饭或打扫卫生。但总体来看，仓库到处都弥漫着压力和不安的气息。

正如当代资本主义在许多其他领域所展现的那样，仓库内的权力关系也是阶级、种族和性别相互交织的结果，这种权力形成机制使仓库中的工人们受到的压力并不相同。仓库内的劳动分工体现出了性别和种族在权力分配中的重要作用，因为大多数管理者——几乎所有经理职位都由意大利白人男性担任，而普通拣货员和堆装工人都是妇女、移民和有色人种。社会理论家安娜·柯西奥（Anna Curcio）在研究了意大利北部的仓库劳动后，认为"资本主义、殖民主义和父权制的交织削减了公司的劳动成本，也使仓库能对特定群体进行约束和边缘化。"[35] 工人们透露，仓库内的管理者对人有偏见，还性骚扰员工。埃莉萨说自己经历过性骚扰，这还仅是冰山一角。她接着说："作为女职员，这样的事儿我见过太多了。"其他女性工人也遇到过性骚扰。参考社会学家莱斯利·萨尔辛格（Leslie Salzinger）的观点，我们可以假设，性化背后存在着一种靠调动女性特质来实现生产力目标的管理文化。[36] 在这种管理文化中，仓库工人的压力更大了。

在北美，劳动力的种族构成和种族主义有所不同。在许多地方，亚马逊的劳动力主要是黑人或棕色人种，大多数工人阶级、有色人种员工都会遇到多种形式的种族主义。例如，新冠疫情期间，亚马逊的黑人工人一直是工厂里的替罪羊。2020年新冠疫情开始后，美国的黑人工人就抗议仓库内缺乏安全措施，自此被针对。[37]总而言之，仓库继续奉行着保护白人、白人至上的原则，压迫其他人种的工人。亚拉巴马州贝塞默的BHM1仓库规模很大，80%的劳动力是黑人，那儿的员工境况也差不多。亚马逊高管大多是白人，他们秉持反工会立场。为了让自己的声音被听见，工人曾努力成立工会，争取劳工权利，却不幸于2021年3月彻底宣告失败。

笑一笑，你上镜了

乐趣管理和压力管理并不矛盾，二者都是亚马逊为扩大规模、加强对工人的控制而创造出来的产物。技术很重要，但也只是其中一个元素，另一个元素便是资本主义组织中根深蒂固的独裁主义。工人主义者拉涅罗·潘齐耶里看到了这种双重的剥削模式，他的劝诫是要考虑"如今生产组织中'技术'和'专制'的统一"。[38]技术不可能与资本主义对工人的控制脱钩。的确，要想保住其经济地位，亚马逊确实需要找到方法来迫使工人高效工作，与自动化同步。20 世纪 50 年代，哲学家雅克·埃卢尔（Jacques Ellul）描述过技术社会，这一社会的主导者便是为服务"绝对效率"而开发出来的技术。在他看来，科技只是用来支撑这种效率的众多方法中的一种。[39] 潘齐耶里在分析资本为制服劳动力而采取的互补策略时，认为要想组织、构建混乱的人类工作流程，使它们更容易控制和支配，"不仅要用机器，还得用一些组织手段。"[40] 随后对工业资本主义的许多研究都将亚马逊强加的管理制度描述为资本用来在车间创造有利的权力关系的杠杆。布拉沃伊将规范生产的组织实践称为制造工厂的专制主义。

亚马逊在仓库中采取了这样一套策略：广泛借鉴早期工业资本主义的管理手段，汲取当代数字资本主义的文化与技术精华，并将大部分技巧都捆绑在一台条形码扫描仪中。数字技术被用来组织工作，为仓库的劳动管理提供了坚实的物质基础。此外，数字技术还协助管理层监视工人、量化产出。正如马歇尔·麦克卢汉（Marshall McLuhans）所说，电子媒体是人类社会和交流过程的延伸 [41]，而监控技术增强了管理层监控员工的能力，保证了乐趣文化和压力管理的强制实行。亚马逊还借用了数字文化的内容，部署了媒体理论家弗雷德·特纳（Fred Turner）所说的"文化基础设施"———套用来指导员工行为的文化元素。[43] 为此，亚马逊从大型科技园区和当代企业文化剧本中引入各种有趣的元素，从巧克力日、游戏化、简会到健康和正念练习，不一而足。[44]

　　一篇文章曾披露了亚马逊仓库内艰苦的工作条件，作为补充，澳大利亚广播公司 ABC 于 2019 年发布了网络街机游戏《亚马逊竞赛》（*The Amazon Race*）。通过这款游戏，我们能窥见亚马逊采取的一系列措施对工人产生了怎样的影响。作为玩家，你扮演的角色是一名在仓库里走来走去的拣货员，你遵循扫描仪的指示行事，只为提高效率，获得新任务（从而获得积分）。有时，你需要做出选择，决定要不要停下手里的活儿帮助有需要的同事。但当然，停下来会拖慢你的速度。如果完不成配额，你就会被解聘。在食堂里，你可以和别人聊天，但站在门口的主管可能会责骂你。[45] 而且，电子游戏中的人物也要开简会，主管会要求大家做伸展运动或唱唱歌。但归根结底，不管是在游戏中还是在现实中，生产力才是企业唯一看重的东西。正如之前那位介绍扫描仪问卷的员工所说，履行中心的工人像极了《魔兽》（*Warcraft*）中的苦工。[46] 他开始觉得，工人其实只是廉价的可替代品，在游戏中充当着工具。

　　这里的其他人，自然指的是亚马逊的管理层。这些人表面上笑呵呵的，背地里大多都是专制狂。20 世纪二三十年代，美国企业刮起了一股新风——家长式管理，这种管理方式逐渐成了促进工业资本主义发展的利器。亨利·福特是这场新风尚的弄潮儿，他在公司内部推行了"一天 5 美元"的工资制，广受员工好评。但与此同时，残暴的管理又让人怨声载道。20世纪 30 年代，福特服务部破坏了工会的行动，自此臭名昭著，很快成了联合汽车工人工会的死敌。工人们将福特工厂描述为企图将所有人都变成机器人的"人间地狱"，连同事之间笑一下都不允许（公司想要扑克脸，美其名曰"福特脸"），各种社交活动也都被禁了。

此后，家长式管理又发展了几十年。其间，彼得·德鲁克（Peter Drucker）等人力资源大师对其进行了更新，注入了现代化元素，他们主张企业要培养员工对工作的参与感。德鲁克认为，企业"必须让员工有美好憧憬、有使命感，必须让他们相信自己所做的事情是在为社区和社会作贡献"。许多公司纷纷采纳了德鲁克的建议，科技公司也不例外。20 世纪 80 年代，民族志学者吉迪恩·昆达（Gideon Kunda）研究了一家名为"Tech"（科技）的美国公司，该公司成功培育了一种坚守承诺、认同企业目标的"有趣"文化。[47]他们的管理层认为，可以通过设计和培育一种有趣的公司文化，并进行维护，以促进企业目标的实现。当时，还有一家商业杂志报道过这家公司，文章题为《努力工作，享受乐趣》。杰夫·贝佐斯怕不是读过那本杂志吧，也没准他只是单纯地实践了当代管理理论呼吁的"为工作注入快乐"，才喊出了"努力工作，享受乐趣"的口号，北美很多初创科技公司文化中都有这一内涵。[48] 为了培养出德鲁克所说的使命感和归属感，现代公司致力于投资增强"员工参与感"的技术。不过他们对参与感的定义各不相同，有的认为是工人对工作的投入，有的认为是员工的工作热情，还有的认为是员工对公司及其价值观的认同度。组织心理学家认为，和让人倦怠的生活空虚感不同，员工参与感是一种"积极的、充实的、情感上被激励的幸福的工作状态"。[49] 当然了，正如批判管理的研究中所说，提升员工参与度的最终目的还是释放他们的潜力，让他们干更多的活儿，更卖力地为公司赚钱。[50] 梅莉萨·格雷格（Melissa Gregg）认为，当代管理学提出的许多管理建议都是照搬自救措施，试图美化工作，其核心就是要提高生产力。[51] 而在工人眼里，获得工资、福利这种物质回报，或者少干点活儿，才是值得开心的事儿，他们并不在意生产力。

贝佐斯通过部署新技术与文化基础设施来控制劳动力，为福特和德鲁克的理念注入了数字元素。但贝佐斯做了些微调，例如，亚马逊将微笑作为了强制性乐趣文化的一部分。在仓库里，亚马逊不仅允许，还鼓励、奖励微笑，只要不笑得太浮夸，让机器无法识别就行。其他公司也纷纷效仿这一举措。

2021 年 6 月，佳能在其办公室安装了人工智能"微笑识别"摄像头，只有面带微笑才能进公司。自此，佳能开始靠机器来强行营造快乐。[52] 亚马逊引入的一系列元素，如简会、比萨日等，都有助于建立家长式的仓库环境。20 世纪 30 年代，意大利政治理论家葛兰西勾勒了一个复杂的权力理论，认为权力是一个需要武力和同意才能持续的过程，给人甜头的同时也得施加点儿压力。亚马逊深知，光有专制主义是行不通的，所以同时在仓库内应用了一些营销手段。毕竟，正如现代人力资源理论所认为的，工人能够也应该被视为内部客户。管理理论家唐·塔普斯科特（Don Tapscott）倡导公司要清楚认识到内部关系对创造财富的重要作用，建设"拓展型企业"。[53] 他认为，拥有在外部（面向客户或其他公司）和内部（面向工人）同时扩展关系网的能力，是企业提高价值、创造力的关键。

应用管理技术本是为了提高工人的幸福感，但在亚马逊，让员工快乐只是次要目的，首要目的还是提高生产力。[54] 季节性员工扎克说："公司口号是努力工作，玩得开心，创造历史……我真不知道仓库里哪有乐趣可言。"很快，许多人就认识到了亚马逊的残酷嘴脸，用一位曾在 MXP5 组织工会活动的成员的话说就是"公司尽力扮演着慈爱母亲的角色，但只要你速度一慢，它就马上翻脸，变成恶毒后妈"。当员工表现出不乐意时，甚至只要效率稍降，公司就会暂时抛开乐趣，惩罚员工。说得更直白点儿，亚马逊压根儿从不关心员工是否快乐，工人在他眼里可有可无，随时可以逐出仓库，换一拨手脚更麻利、更快乐的工人。总结来说，亚马逊管理技术的核心就是权力运作方式之争。亚马逊最在乎的只有客户的心情，需求一亮，使命必达。

第四章　顾客至上

想象一下，你正在为你所爱的人订购一份生日礼物。比如，你正在为刚学会走路的侄子订购一只毛绒浣熊玩具，你后天就要去见他了，所以必须在一天内收到这个玩具。但今天已经是 12 月 21 日，快圣诞节了，每年这时候大家都在争相抢购玩具。虽然你是亚马逊超级会员，能享受一天之内免费送货上门服务，但你还是有些担心，明天到底能不能及时收到浣熊玩具。我们经常会在买完东西后，比如网购了食品后，期待几个小时就能发货，却忽视了背后的一系列工作：整个过程不仅需要依靠物流网络，还需要工人参与，买家在网站上轻轻一点，亚马逊这套流程就开始启动了。而且，亚马逊仓库的工作分配很灵活，算法会根据订单数设定一个标准的工作节奏，而工人别无他选，只能加速工作。

在线电商的销售性质决定了不同时间段销售额会有浮动。比如，圣诞节前后会迎来订单高峰，在黑色星期五或会员日等商家大促的节日期间，订单也会激增。因此，如果亚马逊想在越来越短的时间内快速交货，甚至在订单量翻一番或增至三倍的时候也能按时交付，就需要一支极其灵活的工人队伍。这一点体现出了亚马逊对客户的重视，符合贝佐斯 1998 年定下的一大核心价值观——客户至上。开简会时，仓库领导也会不断重复这一口号，为快节奏工作找个正当理由。单看这一价值观你就懂了，不管多困难，要付出多少代价，亚马逊一定会将浣熊玩具按时送到你手里。

对于客户来说，亚马逊这种客户至上的理念给他们带来了便利。然而，为了让商品流通的速度与仓库工作节奏同步，算法会根据订单量不断调整对工作速度的要求，这让工人们不堪其苦。其实，那些能够根据消费需求迅速重新配置、撤销或创造的工作岗位就是物流业得以发展的基础。因此，工人的生活必须服从工作。例如，亚马逊要求工人不能拒绝加班要求（如"弟兄们，加把劲儿，再干两小时"），也不能拒绝周六晚上突然接到的周日上午加班的通知。更甚的是，亚马逊还希望员工在特定时期（如12月）可以投入成倍的劳动力，到 1 月又回归正常。与此同时，这些员工还得能在休息日招之即来，挥之即去。这意味着，即使履行中心是轮班制，亚马逊员工也没法安排每天、每周，甚至每年的计划，因为随时得回去上班。而且，除了突如其来的加班，亚马逊还会突然调整工作节奏，将工人的轮班时间限制在 4 个小时以内。MXP5 年轻的季节性工人索菲亚（Sofia）坦言，这种制度给亚马逊工人带来了极大的影响：

> 领导们明知道订单量大到处理不完，还是接下了，他们只会说："伙计们，情况紧急，你们今天得赶回来完成 300% 的工作。"……每次你都得在 1 个小时内赶过去，工作 4 个小时后走人……所以，履行中心留不住什么人，最长的才干了一年。大家都很抵制这种工作制度，有些人甚至才干了几周或者几天就跑路了。

这种不可预测性使工人只能随时待命，随时应对仓库那边的工作需求。不管是仓库内还是仓库外，亚马逊都像浓雾般笼罩着他们的生活。他们只能尽可能适应，适应不了就会被解聘。许多女性工人还得干家务，她们觉得这种工作制度很折磨人。但男性工人时间更充裕，他们往往并不介意随时待命。

如果说亚马逊"客户至上"这一条已经够磨人的了，不妨看看第二条：员工是可替换的。贝佐斯称亚马逊是"全世界最容易失败的地方"，[2] 事实的确如此，许多人都没能保住履行中心的饭碗。工人失败是仓库中最常发生的事儿，有人崩溃、精疲力竭，有人主动辞职，有人得过且过。高峰期时，很多工人被聘来工作，但高峰期一过，他们没有利用价值了，就会被辞退。2021 年，美国亚马逊工人匿名透露，亚马逊还会根据"聘用再解聘员工"的能力来评估仓库经理的业务能力。[3] 这也就是说，经理们明知一部分人过不了多久就会被解聘，还是被公司逼着招聘新员工。亚马逊用了个反乌托邦式管理术语"无须后悔的流失率"。也就是说，亚马逊会给生产力最低的员工设定一个截止期限，到期解聘，反正解聘这些员工对亚马逊来说也不会有什么损失。

工人们都知道，这份工作是有截止日期的。一些人一开始就明确知道自己会干到什么时候，因为聘用合同有效期就只有几周或几个月，不用亚马逊多说，他们就懂了。亚马逊就靠着国家劳动法聘用并压榨工人。这些法律不是亚马逊制定的，而是数十年来腐蚀工人权利的产物。它们对工人来说是万恶之源，但对亚马逊来说再好不过。亚马逊履行中心内既有直接聘用的全职工人（蓝色徽章），也有通过中介公司聘用的临时工（绿色徽章）。在包括意大利在内的许多欧洲国家，全职工人签的是永久合同，与那些根据消费周期聘用的数千名临时工相比，这些工人不必随时待命。虽然不同国家的具体情况不同，但都有一个共同点，工作的不稳定性加强了工人的可塑性——对中介公司聘用的临时工和在美国这种不太注重工人权益的国家的工人来说尤为如此。如果这些工人拒绝加班，合同到期后就可能不再续签。即便是长期工人，也逐渐意识到，在仓库多少会有些身不由己。一位加拿大雇员提醒有意来亚马逊工作的人："注意了，亚马逊的工作不是每个人都受得了的。他们只会压榨你，把你榨干再无情地吐出来。"⁴网上还有几十条与之类似的评论。正如其他科技公司通过设计新产品、淘汰过时的产品来控制消费者的购买行为一样，亚马逊也用老套的解聘手段来约束其员工。

与仓库保持同步

　　如果一次轮班有 500 名外发员工，那总工时得达到 4,000 个小时，才可能完成某一天 100,000 个订单任务的拣选、重新装箱、打包及发货工作。这种看似简单的计算方式背后是更为复杂的劳动力需求。仓库工人不仅需要付出劳动时间，也就是他们在仓库工作的时间，还得积极地适应履行中心的工作速度。他们的生产力，即工人每小时完成的任务数量（拣货量或打包量）对整个履行流程至关重要。单纯计算他们投入的小时数或每小时完成的任务数并不能完全体现亚马逊工作的本质。工人工作时，是否能与仓库算法规定的速度同步和小时数、任务数一样重要。因此，仓库工人面临着一个要求，那就是与公司催生并依赖的、不稳定的消费周期保持同步。

　　为此，仓库需要工人不掉线工作，中介公司招聘的临时工便是不二人选，他们可以招之即来，挥之即去，招呼都不用打。除了临时工，这种工作制度也同样困扰着全职员工。和临时工一样，全职工人的生活计划也被打乱，甚至无从计划。在咖啡馆聊天时，他们总会指出，随时都可能有工作，这让人很头疼，已经影响了正常生活。索菲亚曾多次推迟我们的会面，她满怀歉意地说："通常我们会在一个集中的时间段上班，最长能达到 11 个小时。"

> 换班通知是通过 WhatsApp 软件传达的，里面有一张大致的时间表。这周我们本来报了周一、周三和周五上班，却上的周一、周二和周三的班。我们本该明天上班的，但突然收到短信说明天不上班了。

即使已经报过班次了，也存在很多不确定因素："就连下班前 10 分钟都有可能收到加班通知。"索菲亚解释道。

加班对亚马逊完成业务至关重要。订单激增的时候，加班次数也会突然变多，淡季时次数又会减少。许多工人倾向抵制加班，尤其是未提前告知的加班。大多数劳动法和合同也都写明了加不加班全看个人意愿，有意要限制加班，而亚马逊管理人员一律无视，还是强制要求加班。强制性加班，也称 MOT（mandatory overtime），是实现劳动与仓库同步运转的主要策略，亚马逊用其来满足灵活的市场需求，应对订单激增或突降，有时候仅是为了应对卸货量的增加。自愿休假，也称VTO（voluntary time off），被用来作为强制性加班的补充。只要不是所有人都想休假，亚马逊就会让员工自行决定休假日要不要上班，并警告不来上班就没工资，还用掉了一次假期额度。MOT 和 VTO 极大地影响了工人的生活。一位加拿大员工在网络评论中谈到日程安排时直言："只要公司不强制加班，我们就能平衡工作和生活。"但显然，现实并不如人愿，亚马逊一次次要求员工加班，有时甚至每天都要加班。一位加拿大员工在某工作经验分享网站上也提到过：

> 加拿大其他公司都在休息的时候，亚马逊还是 24 小时营业，在 12 月旺季期间……公司会强制要求加班，这一点合同中写得清清楚楚。全年都有强制性加班，就算是休假期间，公司也会喊你来加班。试想，你和家人正在附近的城镇享受一天假期，突然接到强制加班的电话。如果你不去，就会被扣掉考勤分。总共就只有 6 分，扣光就会被解聘了。

不管是强制加班还是自愿加班，不可预测的轮班安排和加班都体现了亚马逊将客户需求放在首位。只要消费者满意，让员工做什么都行。一些工人甚至已经接受了这一点。负责外发的老员工诺埃米（Noemi）告诉我，她能理解公司的做法：

> 要站在公司的立场想一想。大多数客户不会在凌晨4点订购东西，一般都从早上9点或10点开始，因此我们早上上班时间挺晚的，除非前一晚订单堆积如山……随着时间推移，轮班有些调整是不可避免的……都是由市场决定的，没什么办法。

除了这些人，许多工人正在抵制技术的扩张，因为这些技术使他们的劳动更加不可预测，时间更长，且更难与生活相协调。因此，所有仓库的工人都将技术作为斗争的主要对象。MXP5的工人们成功地限制了强制加班。意大利法律明文规定，不允许强制加班。自从仓库里组建了工会，管理人员还是会要求全职员工也加班（一位工人说，这些领导们总是面带笑容地宣布加班的消息），但已经开始尊重工人的发言权，不敢再一声招呼不打就让人加班了。尽管如此，那些由中介公司聘用的临时工仍然很难拒绝加班。在其他国家，所有工人仍得定期参加强制性加班。

对一些工人来说，正常轮班就已经很累了，更别说加班了。2021年年初，亚马逊将美国送货站（离最终客户很近的小型仓库）的工作制度改为 10.5 小时的轮班制，称其为"大循环"。通常，凌晨 1 点开始上班，负责处理第二天要发货的订单，包括前一晚刚下的订单，午餐时间下班。在意大利和许多其他国家，这么长的轮班时间是非法的。芝加哥的工人团队 Amazonian United Chicagoland 在报道中称："亚马逊正'引领着'用魔鬼般的轮班制剥削工人的歪风邪气。"为了反对大循环，芝加哥的工人们举行了罢工，颇有成效，经理和行业代表被迫妥协，采取应对措施。最终，仓库将大循环改名为所谓的"单循环"，但仍未取消这一残酷的轮班安排。[5] 为此，工人们仍在与亚马逊做斗争。

一支可塑性强的员工队伍

亚马逊采用各种方式，试图增强工人的灵活性，这给他们带来了极差的工作体验。接受采访的工人路易吉（Luigi）描述道：

> 仓库的核心是全职工人，但还有很多其他类型的工人……一些人签的合同是每周工作 2～3 天的……但管理人员让他们星期天也来上班，不来就再也别来了。就算一周已经干满三天了，他们也可能会在星期天凌晨 4 点给

127

你发短信，写道："合同写着你今天可以不用来上班，但实际上你得来。"这些工人通常都佩戴着绿色徽章……管理人员深知，这些人渴望续签合同，所以可以尽情压榨。

这并不是亚马逊独有的情况。许多临时工都表示，他们都是在上班前一周或者更短的时间内才接到轮班消息的。在许多行业中，这种招之即来，挥之即去的岗位都是由有色人种和低收入群体担任的，因为他们很难找到全职工作。[6]这种情况在低端服务领域尤为普遍，如餐饮和零售业。[7]随着技术发展，现如今，公司可以更快、更精准地匹配供需——消费需求和工作岗位。比如，买家通过北美地区的食速达和优食（Uber Eats）等平台下单后，平台就会派单给外卖员，他们只有几分钟稍作准备，然后就得出发送餐。[8]

对于零工经济下的外卖员和电商仓库工人来说，准时制既能加快工作速度，也能通过拖长等货时间来减慢工作速度。通常，准时制下的工人会加速工作以适应算法的工作节奏。而一旦等货时间拖长，为了与应用程序或者仓库同步运转，工人就只能耐心等待，无所事事。比如，对外卖员来说，他们通常要在取餐的餐厅附近焦灼等待许久。同样的情况也在亚马逊上演着，甚至在被聘用之前，员工就已经陷入了等待的怪圈。比如，去应聘时，你起个大早，去中介公司门口排长队，等半天只为被聘为仓库工人。入职后，你又开始了新一轮等待，等轮班开始，等同事结束轮班。而除了工作时的等待，不工作时的等待也让人压力倍增。多年来，路易吉每天开车去 MXP5 上班，通勤时长约一小时，这不仅压缩了他的非工作时间，还带来了许多影响。

> 我们都是三四个人拼车去仓库的，每个人开一个星期。但有个问题，领导会时不时要求某个同事多留一个小时（加班）。如果她是绿色徽章员工（临时工），这种情况就更多了。这时候你肯定会问领导："我可以也留下加班吗？"他们当然会说可以，但如果他们不待见你，就会让你回家，那你就得在停车场白花一个小时（睡在车里）等同事下班，或者你可以在休息室打会儿乒乓球。他们口口声声说："把这儿当成家吧，不上班的时候也可以来转转。"但其实你知道吗，他们恨不得我们 24 小时在这儿，永不离开。

对一些工人来说，仓库确实成了他们真正的家。一名英国记者深入仓库探查情况，并于 2017 年报道了亚马逊工人在仓库里睡觉的新闻：工人们在哪儿都能睡，大多都是站着睡或者靠个东西睡。[10] 2020 年，亚马逊工人在红迪网上记录了加班时因过度疲劳而睡着的故事。我见到安娜（Anna）时，她已经在亚马逊工作5年了，她是MXP5第一批老员工中的一员。其他同时期进仓库的人几乎都走了，她仍坚持着。安娜坦言，很多临时工，尤其是年轻男子，会在仓库里打会儿盹，只是为了能多加班。她说："这些可怜孩子们的工作时间长到令我震惊，他们可能是住得太远了，就索性睡在休息室的沙发上，太离谱了。"过去几年里，媒体偶尔会报道一些工人直接住在仓库外面的新闻。2016年，甚至有报道称英国工人直接在履行中心附近的森林里支帐篷睡觉。2018年，一位工人说自己没地方住了，最后选择住在了得克萨斯州沃斯堡附近的FC7外面的一辆车里。在发布的油管视频中，她说："真不敢相信，这就是我现在的生活状态……我为世界首富打工，却只能住在车里。"[11]

以上这些事件引发了人们的争议。更荒谬的是，亚马逊甚至给员工灌输把仓库当成家的想法，推出了"露营者计划"（CamperForce），鼓励美国地区居无定所的季节性工人住在公司提供的露营地房车里。露营地与履行中心隔街相望，方便员工在旺季或消费周期拉长时，与仓库保持同步运转。这一计划很荒谬，但成功地为亚马逊招募到了许多灵活的劳动力。不过，归根结底，员工遭遇的一系列问题的罪魁祸首还是签订临时工合同的中介公司。在合同要求下，季节性工人只能搬到履行中心所在的地区居住，方便随叫随到。

虽然只在 MXP5 工作了一年左右，但临时工茱莉亚已经看透了这份工作的逻辑：

> 旺季之前仓库在疯狂招人。7 月有会员日，之后一直到 1 月订单量都会激增。公司会从沃盖拉、帕维亚、米兰、皮亚琴察以及贝加莫等地方招来工人，甚至还会从意大利南部的莫利塞和西西里招人过来，这些人会在仓库周边短租一个月。

虽说这些招聘来的工人在旺季之后，甚至没干几周就会被解聘，但他们仍得迅速学会在仓库工作必备的一些知识。越来越多生活在郊区的少数族裔、失业人士选择进仓库打工。这些来自高勒维多（米兰南部的一个工人阶级社区，为 MXP5 合作的许多中介公司提供源源不断的劳动力）、皇后区和布鲁克林区（纽约市许多履行中心的工人都来自这儿）的工人相继签约成为季节性工人，使亚马逊随意扩大、压缩劳动力规模成了可能。其中，一部分人得耗费很长的通勤时间来到仓库工作，还有些人远到只能搬到皮亚琴察或其他仓库所在的地区住。

并非所有工人都能完全适应亚马逊的工作规则。有些人得参加文化或宗教活动，时间可能会与亚马逊的工作时间相冲突，这些人就无法与仓库同步运转。例如，在明尼苏达州沙科皮的亚马逊物流中心 MSP1，30% 的工人都是东非移民工人，其中索马里人居多。[12] 像其他散居人口一样，生活在美国的宗教群体仍然保持着原先的习惯，每年、每月，甚至每周都会举行特定的宗教活动。[13] 但仓库的时间安排与宗教活动相冲突。于是，2018 年 7 月，这些工人集结在仓库外，抗议自己所遭受的歧视。他们无法在祷告时间休息，无法按时参加宗教节日的活动，因为这些时间都得工作。有人试过在正常的休息时间期间进行祷告，但很难执行，因为亚马逊鼓励工人不休息，以加快工作速度。所以这些人只能被迫在宗教节日那天用掉无薪假期或休假时间。这样一来，当他们因为其他原因，如孩子生病，需要请假的时候，就没有假期额度了。随着问题愈演愈烈，抗议逐渐演变成更大规模的工人运动，组织方是明尼阿波利斯地区的非营利组织阿伍德中心（Awood Center）。该运动迫使亚马逊调整工作班次，优化管理。阿伍德中心将这场早期胜利称为创可贴式解决方案，没能从根源解决问题，且在那之后，亚马逊还打压了运动中最活跃的一批组织者。但与同时期发生在意大利和德国的罢工相比，明尼阿波利斯的这场运动是亚马逊工人成功夺回部分加班控制权的案例之一。2020 年时，MSP1 工人已经能自由申请早退了。

工人的"更新换代"

虽然上文亚马逊工人对仓库所要求的灵活性进行了反击。但现实情况是，在亚马逊，许多人都只是模块化的部件罢了，发生故障时可以随意替换。而且，在亚马逊的规划里，工人本就不会留用太久，因为只有那些新鲜血液才能接受履行中心要求的工作速度，尽可能牺牲自己的时间来和仓库的运转保持同步。杰夫·贝佐斯自己也认为，稳定的劳动力会带来平庸。因此，必须增强员工流动性，好让那些懒散的或心怀不满的在职工人有危机感。亚马逊内部人士称，所有工人都天生懒惰，且工作效率会随着时间的推移自然下降。[14]

作为消费者，我们早已习惯了产品更新换代越来越快。厂家在生产设计时就已经设计好了电子产品的寿命，将这一策略称为计划性淘汰。这使消费者压力倍增，手机刚买没几年就无法更新最新版本的应用程序和系统了，只能换新手机。在《为坏掉而制造》（*Made to Break*）一书中，记者吉尔斯·斯莱德（Giles Slade）将计划性淘汰描述为一套技术和文化技巧，用于"人为地限制产品的耐用性以刺激重复消费。"[15] 简而言之，为了使消费者购买东西的频率高于商品的耐用率，必须限定消费性科技产品的使用周期。计划性淘汰是 20 世纪美国资本主义的精致产物，是当代消费主义和经济增长的关键组成部分。亚马逊作为主要的大众消费平台，自然离不开计划性淘汰这一战略，其平台上销售的电子产品的寿命越来越短，购买这些产品的消费者只能一次次地更换新设备。

大规模的换新潮不仅影响了消费周期，也影响着整个劳动力。可以说，亚马逊的工人就像电子产品，也是经过设计，注定要更新换代的。其他行业也有类似趋势。社会学家埃米内·菲丹·艾尔西奥卢（Emine Fidan Elcioglu）曾研究过中介公司。在其研究中，埃米内介绍了许多企业赖以生存的"有组织的不稳定生产"。在这种生产模式下，为了追求灵活可塑的劳动力，公司可能会采取多种策略，为全职员工和中介公司聘用的临时工群体注入不稳定性。[16] 而对亚马逊来说，提高仓库不稳定性不仅是公司政治的要求，也是内部管理里技术预先设定好的。对工人来说，工作一早就被设定了期限，时间一到他们就会被解聘或是被撺掇着辞职。仓库工作通常都干不长，即使对长期员工来说，签了合同就代表着除非有特殊情况，否则不可能被解聘，他们也不太可能在亚马逊长干。

参观某个履行中心时，我特意向新闻发言人和经理询问了流动率情况，因为此前许多工人都和我提过，流动率很高。对此，他们予以否认，并说："流动率低到难以置信，每年都不到1%。"我想，可能是因为这个仓库启用还没几年，所以最初聘用的那批全职工人还未离职吧。在这个履行中心听到的数据和故事，与之前和我交谈过的工人们描述的故事截然不同，领导给出的流动率也显然没把季节性临时工算进去。虽说亚马逊履行中心的人员流动率因地理区域而有所差别，但总体来说应该都处于很高的水平。"美国国家就业法项目"团队在2002年发表了一份题为《亚马逊的一次性工人》的报告，其中记录了加利福尼亚州亚马逊仓库的高流动率。报告显示，亚马逊靠"一种高流失率模型，在该模型下，公司招聘或解聘工人，不考虑他们的健康成本或解聘对他们的生活、家庭和社区造成的潜在影响"维持着运营。[17] 报告还显示，加利福尼亚州一些履行中心的年流动率高达200%。这些人的离职原因不一，有的是被解聘，有的是主动辞职，也有的是因为合同到期未能续签。

　　新冠疫情暴发后，亚马逊努力满足日益增长的网络购物需求，这进一步拉高了流动率。2020年，亚马逊聘用了几十万名新员工，仅美国就占了17.5万，但这并不意味着人员流动速度有所放缓。聘用人数这么多只是因为工人不断辞职，所以亚马逊只能不断招人以弥补缺口。据《西雅图时报》（Seattle Times）分析，新冠疫情暴发的前6个月，亚马逊的流动率高达美国同类公司的两倍。数万人为了暂时找份活儿过渡一下，进入亚马逊成了季节性临时工。[18] 经此，那些认为工人可以随意支配的资本家的狼子野心已昭然若揭。由于公司未能提供保护措施、拒绝请病假，许多工人陷入危险之中。从亚马逊全球各地仓库的行径中，不难看出，为了追求利润，牺牲工人的生命也在所不惜。亚马逊一直拒绝向外界公开疫情对员工影响的确切数据，但就其透露的信息来看，全球仓库内有数以万计的员工感染了新型冠状病毒。[19] 2021 年春季，加拿大迎来了第三波新冠疫情，为遏制疫情走势，安大略省有几个亚马逊履行中心被公共卫生官员喝令关停。其中，YYZ4 的 5000 名工人被命令自我隔离两周。2020 年新冠疫情开始时，MXP5 的工人进行了长达 11 天的罢工，才迫使亚马逊发放了个人防护装备，采取了社交隔离措施。后来，皮亚琴察成了最早的疫情暴发地区之一。疫情来势汹汹，许多人对亚马逊的防疫措施不满意，开始找借口推脱工作，不去仓库上班。疫情之下，网购订单激增，而为了防疫，工人们又需要保持社交距离，这很矛盾。许多工人称，遵守防疫规则，速度肯定就会慢下来，要想速度快，那就必然无法遵守防疫规则。

即使没有疫情，工作期间健康得不到保障、危险系数高也依然是流动率高的一大原因。亚马逊仓库的工伤率比其他同类公司高得多。这些工人不断挑战自己的健康底线，只为保住饭碗。[21] 为此，亚马逊在仓库内设立了自动贩卖机，可以买到止痛药，但这终究是治标不治本。和许多工人交谈时，他们都告诉我，自己的身体由于过度工作而越来越差。索菲亚在仓库工作的时间还不长，所以身体没出什么问题，但据她回忆，全职工人经常念叨："太可恶了，我的韧带都快受伤了，不吃补品都没法工作了。"确实，很多工人都对仓库的压榨深恶痛绝，深知自己无论怎样努力也赶不上工作的步伐，只好相继离职。路易吉是 MXP5 的长期雇员，按理说他应该不用担心哪天被解聘。但他确实很担心，担心速度达不到要求会被解聘。据路易吉说，管理人员不会直接解聘全职员工，但会耍些手段让人主动辞职。干得再好也不会被提拔的，他们会长期干那些最脏最累的活儿，等受不了了就会自行离开。而在这过程中，工人的身体状况越来越差。

> 工作到第四年时，管理人员就会开始担心你的精力大不如前了。稍微休息两周，有时候就只是得个流感，他们就开始觉得你老了，身体不行了。

许多亚马逊员工对高离职率背后的原因都心知肚明，还戏谑地称自己为"炮灰"。不过，解聘那些工作效率降低的员工并不是什么新鲜事儿，这是早期工业资本主义时期就有的固定招数。从那时起，资本家就认为工人能被轻易替代，毕竟他们唯一能出售的就是体力，连这个价值都失去时就会被一脚踢开。[22] 如今，许多全职工人受到法律保护，公司不能直接解聘他们，但管理层会给那些绩效不佳的人施加压力，另一些人绩效虽然达标，却担心自己每况愈下的身体情况。

对亚马逊来说，"长期员工"指的是那些能干两三年的人。一位工人开玩笑地告诉我："如果你能干到第五年，那可真是个人物了。他们会给你发黄色徽章，以示表彰。"路易吉面色疲惫地说：

> 我觉得就我这身体，在履行中心内铁定撑不到十年，太身心俱疲了。那些在亚马逊工作了很长一段时间的人，看起来就像变了个人似的，眼睛都快睁不开了。他们从来不笑，满脸写满了："我需要离开这里！"……前几年你就像是住在了履行中心里，临时工合同到期后，领导会考虑和你续签合同。这时候一旦你请假了，他们就会直接解聘你。平均来说，工作两年半或三年后可以拥有首次休假额度，时间很短。如果在干到一年左右的时候，你成了全职工人，那又得从头开始计时，得再干一年才能有假期额度。这一系列操作下来，工人们精疲力竭。

许多员工都在担心自己的生理和心理还能撑多久，盘算着自己还有多久会崩溃、经理何时会下逐客令。MXP5 的一位员工自嘲道："我们本以为能在这干到退休，现实情况却是，如果想活到退休的岁数，赶紧辞职吧。"

接受提议，快跑路吧

亚马逊并不希望仓库里能有人干到退休。而且，更多情况下，领导才不会玩心理战让人主动辞职，他们会明确地鼓励员工辞职，为愿意主动离职的人提供一系列福利。这样，亚马逊就能轻松摆脱那些速度跟不上或者心怀不满的工人，仓库效率也不会因为这些人的怠工或者抗议而受到影响。

例如，亚马逊提出了名为"有偿离职"的激励措施，私下里大家都称之为"提议"。该计划旨在鼓励对工作不满的员工尽早离职，并在员工承诺不再进入任何一家亚马逊仓库工作后一次性支付一定数额的现金。接受有偿离职计划的员工根据自己为公司服务的年数获得离职报酬，工作一年为 2000 美元或欧元，每增加一年就增加 1000 美元或欧元，直到达到 5000 美元或欧元的上限。冬季假期结束后才算满一年，所以这些心灰意冷的工人在离职前还得忍受 12 月旺季繁忙的工作，不然就少拿 1000 美元或欧元。之后，他们就会被扫地出门。

安娜指出，在工人眼里，这措施无非就是想在他们生产力一过黄金期后，就将他们"处理"掉：

亚马逊在试图摆脱我们。你想啊，哪家公司会付钱让人辞职换一份工作呀……会告诉你"主动辞职的话，如果你是全职员工，除了给遣散费，我们还会按照工作年限，一年补贴1000欧元给你"的也只有亚马逊了吧。

行为经济学家的看法与安娜有点儿不同，他们指出，其实这样的提议一出，员工反而就不愿意辞职了。它不仅可以激励想辞职的员工坚持工作到下一个旺季，也能让不想辞职的人更卖力地工作。

从社会心理学来看，这种激励措施利用了人类想解决认知失调这一特点，可能会拉低营业额。[23] 但安娜拒绝带薪离职并不是出于上述原因，而是她担心像自己这样在2008年金融危机期间就失业、现在已经40多岁的人，在市场上找不到比亚马逊更好的工作了。不值得为了补偿金去冒长期失业的风险。

此外，工人不愿离职还有很多因素。对许多人来说，亚马逊的工作的确优于其他仓库，工作条件也更好。MXP5干净整洁、组织有序，冬天有暖气，夏天有空调。全职工人喜欢稳定的工资和福利，而季节性工人喜欢加班，渴望用几个月的时间赚一大笔钱。MXP5将招聘季节性工人的工作外包给德科这样的中介公司，而不是外包给当地的合作性企业。合作性企业为扎兰多、TNT 等电商公司的仓库招聘了大量临时工，这些临时工也极其不稳定。综合各个因素来看，德科集团提供的条件比合作性企业的要好。对此，路易吉毫不避讳地说：

> 我才不要去别家仓库，我在亚马逊过得更舒坦。一些人离开后很后悔，可能是因为他们现在只能为合作性企业工作了吧。其他公司的仓库里也没有亚马逊这些先进的玩意儿了，连空调都没了……他们后悔了，本以离开了一个让自己疲惫不堪、病痛缠身的地方，却在离开后才发现，这里是再也回不去的"天堂"。

不过，这些也仅是一家之言。在其他国家，工人们常抱怨，自己所在仓库的条件截然不同，夏天很热，冬天很冷。

事实上，与安娜和路易吉不同，全球有数千名的亚马逊员工已经欣然接受了这一提议，逃离亚马逊。据报道，2018年，超过 16000 名员工接受补偿并离开了亚马逊。[24] 对于公司来说，这一计划的意义在于，一旦工人拒绝了这个提议，就相当于他们主动放弃了辞职机会。之后，这些工人便会试图催眠自己，让自己发自内心地喜欢在亚马逊工作。这一提议体现出，亚马逊正在试图将行为经济学融入商业运营之中。2009年收购了在线鞋履零售商美捷步（Zappos）后，亚马逊用这一提议来激励员工辞职。[25] 当时，亚马逊还给美捷步呼叫中心员工提供了 1000 美元的辞职补偿，据说约有 10% 的人接受了这笔钱并离开了公司。[26] 此后，这一提议又推广到了仓库员工身上。

为激励工人辞职，亚马逊还制订了另一项名为"职业选择"（Career Choice）的计划，为那些希望通过培训学习新技能的员工提供资金补贴。为了推动员工主动规划职业路径，大多数公司都有一套激励他们努力工作、提高技能的晋升制度。而亚马逊反其道而行之，通过推出"职业选择"计划帮助工人学习新技能，是为了促使他们离职，而非升职。仓库内有一张专门的宣传桌，我去参观时，看到桌上堆满了各种传单和标识，列举了亚马逊资助的培训类型。该计划旨在帮助工作满一年的员工学习新技能，补贴名额先到先得。公司可帮预付 95% 的学杂费（每学期 1500 美元），具体培训什么项目因国家而异，培训的都是一些需求量大的领域，如"机械师、计算机辅助设计、机床技术、医学实验室技术和护理"。[27] 例如，在美国，亚马逊根据劳工统计局的数据来决定哪些是需求量大的职业。也就是说，"职业选择"计划仅针对较短期的职业培训或STEM（科学、技术、工程、数学）四门科目的培训，且名额有限。一些地区的仓库里还设有教室，这样工人们在仓库里就能接受培训。一些工人很满意这一计划。蒂娜是位于罗马附近的 FCO1 履行中心的一名全职员工，她认为"职业选择"计划很有意义，甚至是"现阶段在履行中心内做的唯一有意义的事儿"。亚马逊帮蒂娜支付了会计课程的费用，她本人也希望，在不久的将来，能靠着这一技能找份更好的工作。蒂娜明白，公司提出这一计划是为了促进人员流动，并坦言，管理人员"心里跟明镜儿似的，知道员工接受完培训就会尝试跳槽……员工在他们眼里就像一辆开了很久的车，过段时间，他们会换新车"，将二手车翻新一下，送给别人。

　　一般来说，这类计划是对公司有利的。它们支持了内部员工再培训，之后这些人便能胜任流程更复杂的工作。公司可以将他们调到监督或技术岗。有些公司连钱都不出，等员工自费学习完后直接用。罗曼诺·阿尔卡蒂的研究显示，早在 20 世纪 60 年代，意大利奥利维蒂工厂的工人就梦想着通过培训实现进一步的经济和社会解放。阿尔卡蒂观察到，为摆脱工厂内糟糕的工作条件，工人们利用晚上时间学习新技能。公司希望员工学有所成后能为其所用，所以自然会帮一把，但帮扶力度太小，帮不帮没什么差别。[28] 不过，在亚马逊，培养员工并不是为了调岗，而是为了让员工离职，另觅去处。

　　"职业选择"和"有偿离职"等计划一出，都不用亚马逊刻意裁员或招临时工了，工人会主动离职。这些计划不仅帮亚马逊摆脱了生产力降低或对企业目标的坚持程度正在下降的全职员工，也减少了离职给员工本人带来的损失。

这些计划的背后是亚马逊残酷冷血的一面：当初招聘时，公司承诺员工晋升、涨薪，结果一切都是骗局。早在那时，工人的离职就已经被计划好了。这种理想与现实的反差给他们带来了强烈的挫败感。即便如此，亚马逊依然在仓库内宣传晋升，鼓励大家卖力工作往上爬，并利用这种个人解放与成就的神话吸引新工人。MXP5仓库的路易吉称，招聘期间，亚马逊的工作人员疯狂承诺。进仓库工作的第一天，他们继续给人洗脑，通过几个小时的培训给人灌输意识形态。他们把亚马逊描绘得很美好，告诉员工，这里的权力层级与别处不同，员工位于金字塔的顶尖，底层才是经理。因此，许多人都希望能通过努力承担更理想的角色，比如领导或问题解决者。这些岗位可能工资也差不多，但能少干点儿体力活儿，工作任务也更多元。不过，干一段时间，他们就会发现，体力活儿岗位很难晋升。路易吉说："他们会告诉你，公司晋升完全是任人唯贤的，只要你比别人优秀，你就能往上升。但理想很丰满，现实很骨感，只要你开始咬咬牙，加速工作，腰疼也不请病假，过不了多久腰就垮了，腕管综合征、压力诱发的银屑病，全都找上门来了。一旦你得了这些病，晋升这事儿就别想了。"

越来越多的员工梦碎，他们开始不满这种虚假的精英管理。像其他公司一样，亚马逊倾向直接聘用管理专业毕业的年轻人担任团队领导和主管，而不是通过内部晋升选拔人才，这种做法违背了当初任人唯贤的承诺。这些直接招聘来的新手领导以前从未在仓库工作过，也根本不懂仓库流程和技术，却上来就指挥有资历的老员工，行事作风还极尽专制，工人们对此深感不公，非常有挫败感。美国一位工人在网络评论中抱怨说："领导们监视你、支配你、管理你。最离谱的是，他们中的大多数人还只是孩子啊。是，他们是管理人员，有权力，但他们什么都不懂呀。光是看着他们在仓库里的举止、腔调、待人接物的态度就已经够羞辱人了。"不过，细心一点儿的工人不难发现，这些年轻经理也是身不由己。他们的工作甚至比季节性工人还不稳定，还经常要处理人手不足、规定速度太快带来的棘手后果。当初，这些人也不过是被无情的科技跨国公司宣扬的神话迷惑了，现在薪资不高，还得担心随时被解聘。

因此，路易吉在谈到仓库时，并没有责怪经理，而是指责那些傻到相信晋升承诺的工人，为了提高生产率居然挑战自己的生理极限。路易吉称这些人为"公牛"。他见证了太多季节性工人来了又去，去了又来，所以每每和新员工聊起，路易吉都会建议他们"把这些公牛看成敌人就行了"。别看他们现在干得起劲，把仓库文化奉为圭臬，最后肯定干不长。路易吉补充道："刚入职的时候，他们的合同都是短期的。有的人会选择拍马屁，希望续约，也有的人会选择直接跑路。大多数人都选后者。信我，不跑不行。"勤勤恳恳干活儿的不受待见，马屁精倒是很吃香，很多工人都鄙夷这种仓库文化。然而，就连马屁精们也不得不承认，拍马屁不是万能的，神话总有破灭的一天，他们终究只是亚马逊可有可无的存在。

"一次性"工人

大家可能很难理解，为什么这一切对亚马逊来说还能算是好事。为什么要鼓励大家离职，维持这么高的人员流动率？传统观点认为，高流动率不利于公司发展，需要控制，但其实，不可对所有劳动力一概而论。需要公司努力留住的只是那些具备必要生产技能、对公司意义重大的员工。对于这样的员工，公司可能会为其提供内部晋升或者涨薪机会。但如果是那些轻而易举就能被取代的工人，流动率就不是需要考虑的内容了。公司只需要考虑，如何建立起一套在高流动率下仍能保持运作的工作系统。[29]

为此，亚马逊开发了复杂的算法和机器人系统，以减少对工人的依赖。这增加了工人的可替代性，即使招的是没什么经验的工人，仓库生产率也不会受到影响。算法负责组织、指导工人的劳动，所以即使是新员工，只要花几个小时接受一下培训就能胜任拣货工作了。亚马逊的培训像极了学校的流水线式教育，接受培训的工人能够迅速成为合格的拣货员或接收员。这样一来，大量工人就沦为了可有可无的存在，只能受机器支配，被亚马逊招之即来，挥之则去。自然而然地，生产率提高了，工人流动率也提高了。这算不上什么新鲜事儿，马克思早就指出，资本主义技术发展到一定阶段时"劳动者可以不断被替换，劳动过程却不会中断"，因为"年轻人很快就能学会与机器协调工作，所以不必再费心培养具备特殊技能的工人群体了"，这使"干这些苦差事的人不断被替换"。[30]

归根结底，拉高流动率还是为了赚钱。管理学理论中毫不避讳地将工人称为"为获得回报而做出的投资"，所以，如果工人技能和知识的生产力所能带来的预期投资回报率不高，企业就会通过第三方购买所需的劳动力和技能，如通过临时工中介公司。[31] 这进一步拉高了流动率。在其所著的科学管理书中，弗雷德里克·温斯洛·泰勒虚构了德国工人"施密特"（Schmidt）。20世纪美国种族主义者倾向于认为德国工人愚昧、顺从、给钱就干，这些工人可替代性高，施密特的人物设定便是基于这样一种刻板印象。劳工社会学家哈里·布雷弗曼认为，泰勒精准地刻画出了资本主义生产方式。从施密特的学习速度、对管理指令的接受度以及他遵守生产力要求的能力中，管理人员能得出很多启示。像施密特这样的工人，辞不辞职对工厂来说没什么损失。工厂需要确保的只是能招到大量和他差不多的工人，并让这些人迅速投入工作，取代那些被解聘或辞职的工人。直到现在，施密特的例子仍是世界各地管理学课堂上的热点话题。

很多用人单位都热衷于培养"一次性"工人。劳工地理学家梅莉萨·赖特（Melissa Wright）在其对离岸制造业的研究中，记录了年轻女性在特定时间段内是如何入职又离职的。工厂会聘用一名工人，"直到她的价值低于被解聘和替换的成本"。[32] 赖特的研究更进一步，发现工厂内无处不在的监控系统加快了工人被解聘的速度。工厂甚至会监控女员工的生理期，以便及时发现怀孕，并在该名员工生产力下降之前解聘她。除了孕妇，管理层还能准确预测哪些人会由于腕管综合征、肌腱炎和背痛等疾病而生产力下降，哪些人会因为看不到未来的希望而得抑郁症。赖特将淘汰员工的过程比作技术淘汰，认为人员流动只是工业过程的副产品，属于"工业废物"。妇女的劳动价值和生产力决定了可弃性。但赖特也指出，生产力也不是工人被辞退的唯一因素。比如在他的研究中，经验丰富的工人更可能会进行集体动员或颠覆工作，给管理层制造麻烦。因此，管理者面临的挑战是制定一项战略，好在工人被伤痛、疾病和愤怒"逼疯"以前，留足时间，压榨这些灵巧、细心、听话的"小绵羊"。[33]

　　这一逻辑给整个人员流动过程增添了一抹意识形态色彩，工人得学着接受自己是可有可无的。对于数字产品来说，计划性淘汰不只是为了增加产品销量，榨取更多经济价值。媒体理论家乔纳森·斯特恩（Jonathan Sterne）认为："我们不能简单地将价值看成唯一的考量因素……一台电脑的社会历程就像一段象征性的旅程，从新电脑变成旧的、过时的、被搁置的、被丢弃的电脑。"[34] 工人经历的便是类似的象征性旅程。在赖特的工厂案例中，工人自"生产"之初就被设定为"一次性"的，且他们也很清楚，自己可以，也会被丢弃。[35] 赖特的研究显示，这一过程夹杂着严重的性别歧视色彩。管理层喜欢向女员工灌输这样的观念：女人难训，也很难提高技能，因此她们只能干临时工。在亚马逊，男性也被纳入了计划性淘汰中，只不过女性受到的影响可能更大。亚马逊与赖特案例的共同点是，都给员工做了充分的心理暗示工作，让他们一开始就知道自己必然会被辞退。

　　知道自己必然会被淘汰这一点，影响着工人的价值观。他们努力接受这种必然的命运，有时甚至会诉诸道德主义。有些人会觉得是因为自己不够强大，才无法胜任亚马逊的工作，比如诺埃米。她已经在MXP5全职干了四年了，做过各种外发工作。我和她是在圣乔瓦尼堡一家酒吧里喝鸡尾酒时认识的。她很年轻，精力十足，直言不讳，但当被问及是否会在亚马逊干到退休时，她回答："说实话，不会。就算身体撑得住，在精神上也撑不住。我也可以假装自己精神上很坚强，但过不了多久就会崩溃……大家都在离职……"

事实上，许多工人还会因为自己未能跟上仓库的节奏而自责。社会理论家阿尔君·阿帕杜莱（Arjun Appadurai）和亚历山大·内塔（Alexander Neta）认为，失败往往被归纳为"公民、投资者、用户、消费者的过错"。[36] 亚马逊也在仓库中给员工灌输着这种价值观，告诉大家，成功或失败都是他们自身原因导致的。例如，亚马逊推出了"Work Well"计划，让美国员工对自己的健康（以及生产力）负责。2021 年，亚马逊内部泄露了一本小册子，据媒体报道，上面写着，工人是"工业运动员"。由于轮班太过辛苦，动辄步行几十公里，举重物几千磅，所以这本小册子还给工人列了一些指南，教他们如何补充营养、水分，如何保障睡眠，应该穿什么类型的鞋子，以为轮班做好准备。[37] 亚马逊就是这样，哪怕早就计划好了要淘汰你，还是要给你灌输"失败是由于你自身能力不足"的观念。与我交谈过的许多工人坦言，为了应对这种精神压力，他们都将亚马逊工作视作权宜之计，没打算长干。这样，就算最后被淘汰了，也不至于觉得自己能力有问题，只不过是志不在此罢了。2008 年金融危机爆发后，无产阶级浪潮涌动，许多白人中产阶级事业受挫，选择了进仓库打工。安娜就是其中一员。她觉得，在仓库这种地方工作，自己的大学学历压根儿无用武之地，更别说对晋升有什么帮助了。不过，安娜本来也没想长干，她直言："我不会把这当成自己余生的事业的，现在只是暂时干一干……现在在亚马逊工作只不过是为了先找份工作稳定下来……我设想的是，大概明年辞职吧。"

但也有些工人不甘被灌输"个人能力不足才被辞退"这种观念，并开始反抗。他们拒绝被淘汰，认为亚马逊要为工人心理、生理问题负起责任。弗朗西斯卡（Francesca）是一名30多岁的全职工人。在仓库工作了四年，她的身体也随之出现了一些问题。弗朗西斯卡向我讲述了自己第一次加入工会的经历，还抱怨未达到规定速度会受到纪律处分。但因为弗朗西斯卡是全职雇员，法律上来说仓库无权解聘她，所以上级会一直施加压力让她主动辞职。当被问及是否会继续在仓库工作时，她回答说：

> 怎么说呢，我觉得我会继续干的。因为除了亚马逊，像我这种没有技能也不具备仓储知识的人无处可去。现在的就业市场全是围绕着物流和超市的……我在亚马逊又什么也没学会，全被机器掌控着。去别人那儿应聘，这也不会，那也不会，肯定找不到工作。所以我常说，亚马逊毁了我。除非我走大运了，找到一份特别好的工

作，否则我不会轻易辞掉目前这份全职工作的。

全职工人们可以通过拒绝离职，使亚马逊无法依靠随意支配、替换员工运行其商业模式。一旦工人能掌控自己何时、为何离职，计划性淘汰便再难实施，亚马逊就会面临大问题。如果工人再发挥一下主观能动性，自行决定什么时候干活儿，什么时候不干活儿，亚马逊的工作效率就会遭受重创。

朝不保夕

2018 年，黑色喜剧电影《抱歉打扰》（*Sorry to Bother You*）中虚构了一家名为"无忧"的反乌托邦公司。一旦签约，员工及其家人都只能终身受聘，没有离职的权利。电影中，无忧公司的员工和他们的家人住在公司里，身穿五颜六色的公司制服，在宣传广告中竭力展现自己多么满意公司的终身雇佣承诺。一瞬间，许多观众仿佛看到了亚马逊的影子。只不过，亚马逊可不会兑现终身雇佣承诺，大家都干不长。仓库工人深知，大多数人都只是暂时干一段时间，应对一下旺季的订单激增，且长期干下去的话身体也吃不消。亚马逊极力压榨工人，到再无利用价值的时候将其无情解聘。

但是只要还在仓库一天，亚马逊的工人就必须努力与机器的节奏同步，按照需要加快、减慢速度，或停下手头的工作。只有靠工人灵活调整工作速度，亚马逊才能履行对客户按时交付的承诺。履行中心是一个个处在物流网络中的节点，保证商品流通，它能加快商品的流通速度，使整个过程更易于预测。但这一切的前提都是，中心里的工人得动起来，不仅要在仓库内手脚麻利，而且要在生产力难以为继时麻利离职。正如媒体理论家莎拉·夏尔马所说，为了与他人，也就是雇主设定的节奏同步，这些工人只能被迫重新安排自己的生活。[38]在整个过程中，技术也会参与进来，在消费与仓库之间架起桥梁，加快生产，并重新组织劳动。地理学家黛博拉·考恩（Deborah Cowen）认为，自动化"负责协调工人与物流系统，使工人的生活节奏与仓库工作及消费节奏同步"。[39]

　　工作不稳定并不是亚马逊一家独有的。现在劳动法的内容越来越偏向资本家，欧洲和北美的许多公司都借机开始了大规模裁员，签订临时合同工。以前，大规模裁员这些都是经营不善时才有的事儿；如今，状况好的时候也会裁员。不过，员工们也都见怪不怪了，好几代人都这么过来了。工作不稳定已经成了家常便饭，大不了就是换工作或者培训新技能后换个行业继续干。在资本主义发展史上的许多阶段，保持不稳定性都是公司的一大策略。举个例子，大约2/3的美国全职工人每周工作40个小时以上，且已经经常态化，强制加班变得越来越普遍。意大利的情况也差不多。工人的大部分时间被资本控制着，生活充满了不可预测性。20 世纪 70 年代以来，政治和经济结构发生了重大调整，西方国家也在过去 20 年里陆续制定了许多紧缩措施和反劳工政策。在新冠疫情的推动下，越来越多的工人被社会化，将大规模更替员工视为生活、工作的正常插曲。不过，不同种族、性别、阶级的人情况有所不同。男性比较喜欢加班，但许多女性下班后还得做家务，不喜欢加班。从事弹性工作的少数族裔和低工资群体面临着更多挑战，如社区参与度低、健康问题频发，工作不稳定甚至还导致了高离婚率。[40]

如果任由亚马逊继续发展下去，这种组织就业的模式只会变得更加根深蒂固。和早期工业资本主义的工厂一样，亚马逊把工人看成是一次性的，易被取代的，并建立了一个系统，方便将工人迅速融入生产周期。除此之外，它还计划了工人的淘汰，为许多人设定了离职日期。这就是阿帕杜莱和内塔所说的"设计好的失败"，也就是为了让一些人赚更多钱，而精心设计让另一些人失败。[41]这一过程体现的并非成败持平，而是背后的权利安排。资本家通过这种精心安排，钻着法律的空子，疯狂试探劳动法的边界，有关机构也睁一只眼闭一只眼，这给工人带来了极大影响。亚马逊之所以能维持这么高的流动率，归根结底还是因为中介公司能为其带来源源不断的劳动力，顶上那些空缺的岗位。如果没有移民和失业群体，亚马逊过不了多久就招不到人了。

散是一团火，聚是满天星。之前，每个亚马逊人都在苦苦维持着个人生活与仓库工作的同步运行。但后来，他们团结在一起，为自己争取到了更多权利，有了掌控自己的工作时间、日程安排和职业生涯的自由。在此过程中，他们成功挑战了亚马逊那套基于客户至上和工人可支配性逻辑的系统。例如，MXP5 的工人通过抗议成功改善了强制加班的情况，现在又将斗争矛头转向了中介公司，希望亚马逊减少对中介公司的依赖。在一些国家，民主基础设施能帮助工人降低流动率。例如，德国的亚马逊工人联合了当地的工人委员会，一起阻止亚马逊通过提供现金补偿来鼓励有健康问题的员工离职的做法。莱比锡的 LEJ1 是欧洲大陆启用时间最早的履行中心之一，那儿的许多工人的工龄已经十几年了，全职员工的离职率低于平均水平。遏制不稳定性对工人的生活有积极影响，也在政治上带来了一线希望：要让公司无法依靠高流动率实现运转，就得保障工人的稳定就业。而一旦工人的工作稳定下来了，他们就积累了进一步颠覆亚马逊所需的力量。

为了回击工人，亚马逊引入了科技。自工业革命以来，资本主义不断引入新的、更有效的技术和组织方法，以保证资本对于劳动力的绝对优势。亚马逊在开发新技术方面投入了大量资金，旨在减少对工人的依赖，并使他们的劳动、生活与客户的消费节奏有效同步。在亚马逊的规划和设想中，未来仓库里的工人能与技术和谐同步，一些工人会被机器取代，且随着自动化的提高，一切政治冲突都将烟消云散。

第五章 重塑想象

很明显，热闹的拉斯维加斯大道和压抑的皮亚琴察、MXP5，甚至任何其他仓库都八竿子打不到一块儿。许多去拉斯维加斯大道的人都是为了逃离当下，沉醉于灯红酒绿、纸醉金迷的生活。但它也是大会和贸易展览的主要举办地，很多企业在这里宣传新产品和新技术。考虑到以上因素，亚马逊将人工智能大会 re: MARS 的举办地定在了拉斯维加斯大道，大会旨在展示亚马逊的技术雄心，颇具未来主义意味。杰夫·贝佐斯称其为"极客夏令营"。2016 年，亚马逊在加利福尼亚州沙漠的棕榈泉举办了 MARS 大会，这是 re: MARS 大会的前身，是个专属于机器人专家、人工智能专家、技术主管和未来学家的聚会。2019 年 6 月，亚马逊在拉斯维加斯举行了首届 re: MARS 大会。和之前付费才可以参与且限制与会者身份的 MARS 大会不同，re: MARS 的参与群体更为广泛。MARS 是个首字母缩写，前三个字母分别代表着机器学习、自动化、机器人，加上 S 合起来代表着太空探索。大会讨论的内容天马行空，绝大多数技术构思都是针对仓库设施的。在 re: MARS 大会上，听众时不时就能听到"CEO 的自白：为什么我会成为机器人和自动化的信徒"的演讲，甚至还有机会看到用于殖民火星的机器人原型。

正如亚马逊高级副总裁戴夫·林普（Dave Limp）在 2019 年的演讲中讲述的那样，这一活动"和很多好点子一样，始于一杯苏格兰威士忌"。杰夫·贝佐斯在家里小酌了一杯，就有了 re: MARS 大会。贝佐斯的众多房子里，肯定有一栋的图书馆里两端都有壁炉，一个上头写着"建设者"，另一个写着"梦想家"。说实话，贝佐斯家这种布局并不让人意外。我们早已习惯了科技和创意工作者用类似的格言装点办公室，咖啡厅里也有很多类似标语，所以数字资本主义时代亿万富翁房子里有这种东西并不奇怪。林普补充道，在亚马逊，技术的潜力是无限的，"只要想象得出来，就一定可以实现"。亚马逊公司的高管多年来反复强调，大会的着眼点不是现在，而是亚马逊的未来。演讲结束时，他们通常都会说"未来就在拐角处，我太兴奋了"或"我对未来很乐观，都等不及 2030 年了"。从太空探索到仓库机器人，亚马逊的野心在 re: MARS 大会上一览无余——通过技术物化资本主义欲望。

媒体理论家尼克·蒙特福特（Nick Montfort）认为，技术创造的未来需要"梦想家和建设者想象一个特定的未来，并有意识地试图为其作出贡献"。[1] 贝佐斯在他的"炉边谈话"中也清楚地表明了这一点。这其中，梦想家是最重要的角色，比如科幻小说作者。但是，贝佐斯还提醒听众，空有梦想是不够的，我们还需要建造者搭建技术，让梦想落地。技术手段对亚马逊和其他企业的发展至关重要。这引发了技术变革，还产生了连带的文化效应——技术崇拜。人们夸张地将技术视为整个社会的救世主，当代社会尤为如此。[2] 在亚马逊的梦想中，技术能带来的好处超乎想象。这一点马克思也提及过：资本的限制就是资本本身。其中，最著名的一大障碍便是资本对征服、殖民空间和时间的渴望。当代最典型的例子便是全球化的物流流程。在社会化大生产的背景下，亚马逊等公司通过该流程实时控制全球供应链，以生产、流通和销售商品。例如，它销售的产品可能是在亚洲城市设计的，由来自三个不同大陆的原材料制成，并在墨西哥或越南制造，然后在亚马逊运营的国家销售。以金钱、商品和信息自由流动为基础的全球化，使资本主义得以扩大对空间和时间的掌控。从 re: MARS 大会可以看出，未来技术充满着殖民色彩。在给投资者的一封信中，杰夫·贝佐斯用"抢地盘"的比喻来描述亚马逊对互联网的态度：抓紧抢占并定居在他人未涉足的地方。[3]

　　re: MARS 大会便是这种技术征服设想中的一部分。当人们走进主办 2019 re: MARS 大会的会议中心时，空调的阵阵凉风吹散了拉斯维加斯一路的暑气，巨幅全景屏幕横跨整个舞台，上头展示的是外星景观，里头住着一名孤独的宇航员。他正在山峰上走来走去，时不时摆一些造型。展位上摆满了大会的赠品，如 T 恤和塑料水瓶。轻点一下你的徽章，就能获得免费赠品，但与此同时你也默认了亚马逊可以给你发送广告邮件。会议中心里各行各业人士都有，有宇航员、艺术家、政治家、企业家、博士、工程师，也有运动员。在 2018 年 MARS 大会期间，一位演讲者盛赞大会充满古希腊精神，还展示了拉斐尔的《雅典学院》。[4]MARS 大会绝不是来自谦的地方，这里是展示机器人原型和制造企业神话的天堂。例如，据新闻报道，有一年大会期间，贝佐斯还在小瓶翻转游戏中输给了机械臂。有一次，他还牵着条"新狗"（波士顿动力公司 Boston Dynamics 的四脚机器人）散步。

与会者需要佩戴黑色、橙色和蓝色的挂绳：这一定是某种识别标志，就像在仓库里识别员工的彩色徽章一样。会场内有许多工作人员和穿着浅色格子衬衫的男人，他们佩戴着挂绳，等着给你发传单。传单上内容千奇百怪，比如"下一步，是不是该考虑雇机器人了"。不过，单从这些浮夸的演讲和现场的视觉展示来看，亚马逊这些宏伟的梦想就不太可能在短期内实现。例如，亚马逊的专利中有一项关于打造航空履行中心的计划，如图 1 所示，一个连接着可驾驶的飞艇的大型仓库，可以飞到顾客集中的地方，它可以在足球比赛期间飞到体育场附近，并使用无人机快速将爆米花、球队球衣等商品送给下方的观众。[5] 其他专利中还构思了自动对接站，供无人机检查、充电并装载订单货物。在拉斯维加斯大会期间，贝佐斯甚至半开玩笑地谈到了要把履行中心建到月球上去。

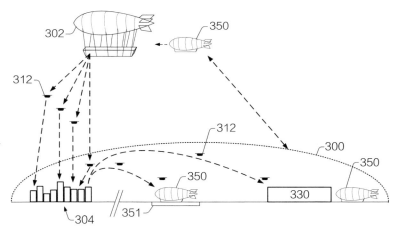

图 1　航空履行中心用无人机运送货物

不过，撇开月球仓库不谈，大会还是有一些现实内容的。趁着"炉边谈话"环节，人们可以到处看一看，这时候他们可能听见亚马逊机器人公司的高管解释道："我们的工作是离不开人类参与的，机器人只适合重复机械劳动。"说完，他还反问在场听众："如果一个沙发被分成了五个部分，如何让机器人自动化搬运呢？"虽然亚马逊在仓库内部署了大量机器人，但工人仍是更重要的组成部分，梦想和现实是存在矛盾的。为此，从机器人拣货机到送货无人机，亚马逊正在开发、制作原型，并测试各种自动化机械。亚马逊机器人公司的口号是"我们在重塑想象"。如今，亚马逊在全球各地的履行中心部署了超过 20 万个机器人，它们提高了亚马逊的自动化水平，也推动了自动化劳动过程。亚马逊机器人公司在其花哨的网站上吹嘘到"我们勇往直前，致力于为那些不可能的事情打造可行的解决方案"。这里的"不可能"指的是引入"自主移动机器人、复杂的控制软件、语言感知、电源管理、计算机视觉、深度传感、机器学习、对象识别和对命令的语义理解"。确实，和口号宣传的一样，很多不可能的事情正在实现。[6] 随着亚马逊及其子公司的扩张，履行过程逐渐自动化，控制劳动力的能力逐渐增强，还有更多的不可能即将成为可能。

自动化展示出了亚马逊对权力和控制的渴望。在许多人眼里，自动化预示着技术性失业。这一术语背后反映出的是笼罩在工人心头的恐惧，即工作很快就会完全自动化，工人会被那些不罢工、不生病、不要求加班费、不拒绝上夜班的机器人取代。[7] 不过公司并未计划淘汰工人，别看亚马逊和未来学家们对自动化大吹特吹，公司还是离不开人类劳动力的。工人是不会被淘汰的，因为他们更便宜、更容易控制。亚马逊谋划的，不过就是利用技术从工人身上榨取价值，把人当机器人用。

财产和技术前景

要了解亚马逊这样的公司在策划什么，对我们来说绝非易事。但我们可以分析一下亚马逊的演讲稿、原型样本或投资决策。[8] 当然，我们也可以直接去拉斯维加斯会场，看看亚马逊高管们是如何构思未来的，看看他们是否真的能够将梦想落地。但是，要分辨什么是浮夸的神话想象、什么是工人主义者口中正在推进的资本"计划"，并没那么容易。不过，有一个方法，就是看看亚马逊的专利，我们可以从这些为未来发明宣示主权的专利中窥见技术的未来。除此之外，专利还表明该公司已经花费了一定的时间和投资来实践自己的构思，申请专利是对理想未来的投资。一份专利说明中包含着许多可供分析的内容，如该项发明的细节描述、图纸和相关技术信息。此外，专利是公共文件，为向大众证明其中的新想法是原创的且有价值的，专利持有人必须披露技术信息。

通过研究专利，我发现了许多亚马逊计划引入履行过程的新科技。这并不新奇，亚马逊热衷于明确公司新技术的知识产权。在谷歌搜索引擎上快速查询，该公司拥有的数千项专利悉数呈现。仅在2019年，亚马逊就提交了2000多项专利申请。同年，我花了几个月时间，遍览美国专利及商标局等机构托管的数据库，收集亚马逊或其子公司提交的专利。结果发现，亚马逊专利涵盖众多技术领域，有云计算也有家庭数字助理，不一而足。在亚马逊技术公司 2015 年至 2019 年被授予专利或提交申请的近 9000 项专利中，有 1000 多项涉及仓库的库存管理，包括机器人、算法和其他形式的自动化。在这些文件中，亚马逊构思着打造由机器人管理的仓库。在这样的仓库里，更多新工具会用来监视工人，提高他们的生产力，控制和剥削愈发变本加厉。可穿戴设备和增强现实面罩捕获数据，并为公司提供工人一举一动的数据反馈。传感器可用来分析货架上的剩余可利用空间，加快了劳动速度。算法能帮助工人和机器人更好地协调起来。

值得注意的是，光看专利是无法把握未来技术全貌的。最大的问题是，这些专利往往具有欺骗性或虚幻性，因此不能光从表面上看。这种虚幻性或者欺骗性可能是偶然的，也可能是故意为之。一方面，专利中描述的技术可能并不可行或者并不可取，得等技术再发展几十年才能实现，或压根儿实现不了。另一方面，公司申请专利可能不是为了把产品研究出来，而是为了通过诉讼牟利，如果别家公司试图开发类似技术，可能就会面临诉讼威胁。[9] 和其他形式的知识产权一样，专利也有"复杂的社交生活"。也就是说，它们在其流通的不同领域都能产生价值，如市场、法院及流行文化。[10] 亚马逊拥有成千上万的专利，我们无法辨别哪些会被开发、使用，甚至变成原型产品，但这些专利中有几项已经引起了媒体的关注，在各种活动现场引得观众连连惊叹。公司喜欢在公众面前刻画技术的未来，因为展示过程联通了专利与金融资本，便于资方在预测未来后开展投资行动，还联通了专利与观众，让他们对这项新技术充满期待，做好准备。最后我想说，专利作为研究对象来说并不完善，它们直接越过了中间可能会产生的一系列混乱情况，只以完美解决方案的面貌呈现在公众眼前。专利中并未就那些与机器协作的人类劳动力做过多描述，"人类操作员"或"用户"在整个专利中几乎被隐去，被刻画成了只有背影的无脸人。这是为了将劳动力描绘成一种比较中立的角色，让人忽视背后的种族、性别等因素。在现代西方大多数项目中，技术创新的前景都被人为地美化了，并未提及，甚至刻意抹去了在仓库里工作的人类角色，对他们的遭遇一概不谈。[12]

不过，从亚马逊拥有的专利中，我们还是能看出一点门道的。这些专利展现了亚马逊企图垄断创新的野心，正如英国社会学家约翰·厄里（John Urry）所说："所谓科技力量强大的未来，不是所有人的未来，它只为私人利益集团服务。"[13] 在其年度报告中，亚马逊将自己描述为"一台发明机器"。确实，为加强对这种强大未来的控制权，该公司在技术发展上投入了大量资金。2018 年，亚马逊研发支出超 220 亿美元，是世界上在这方面投入最多的公司。谷歌仅次于亚马逊，投资了 160 亿美元。而麻省理工学院每年在研发领域只投入约 30 亿美元。[14]

与其他公司一样，亚马逊很看重在新技术领域的垄断能力。经济学家帕特里夏·里卡普（Patricia Rikap）研究了亚马逊从 1996 年到 2018 年交存的数千项专利，得出结论：亚马逊已经从早期的核心业务（搜索引擎驱动的在线市场）转移到更为广泛的领域，例如为能带来高额利润的 AWS（亚马逊网络服务）云计算提供数据存储和分析技术。近年来，这一战略进一步扩展到自动化相关领域，如机器学习和用户界面。早在专利申请前，亚马逊就从与之合作的公司中获利了，还不承担最终知识产权索赔的风险。里卡普将亚马逊描述为它所居住的创新生态系统中的"掠夺者"，正在谋求"知识垄断"。[15] 这一趋势从 20 世纪 90 年代末的一个例子中便可看出。当时，亚马逊专门为自己的"一键下单"系统申请了专利。该系统记录了买家的信用卡和送货地址信息，减少了在网站上订购商品的操作步骤。之后，美国书商巴诺书店（Barnes & Nobles）也推出了与之类似的快速结算系统。为了打赢这场市场战，亚马逊还起诉了巴诺书店，使其不得不在网上结账过程中增加额外步骤，变成了两键下单。[16]

当然，对专利情有独钟的可不止亚马逊。许多公司都喜欢累积专利，然后出租给他人，靠知识垄断谋取利益。他们期望控制技术所有权，并从中牟利。所以现如今这些公司正在努力扩大垄断，企图殖民技术未来。为了最大化兜售专利带来的价值，公司刻意将其内容写得模糊又宽泛，类似于以前殖民国家掠夺土著居民时签的那种条款。专利拥有人就靠着这种模棱两可的描述，对自己尚未涉足的大片科技领域指手画脚，宣示主权。正如上文提到的亚马逊和巴诺书店的"一键式"纠纷，在专利横行的时代，只要你设计了个抓取织物的机械臂，并为其申请了专利，其中简单描述几句部件构成或动力学原理，那么将来只要有人为了同样的目的设计出一款机械臂，专利持有人就有权提出索赔。

人与机器

在亚马逊仓库里，未来图景已然展开。在参观 MXP5 的过程中，我见到了新款自动打包机器人 Carton Wrap 1000，它是第一批样机之一。2019 年，亚马逊在意大利的履行中心内试验了这款机器人，并在接下来的几个月里将其推广到了世界各地的履行中心。这台机器由意大利公司 CMC 制造，每三秒就可以打包好一个订单，速度远超人类。透明有机玻璃内，一条巨大的传送带负责将商品送到 Carton Wrap1000 身边。随后，它会扫描商品，计算所需打包盒的大小，切割纸板、打包并做标记，速度之快，无人能敌。每每路过这台机器，人们都不禁想起它挤走的那几百名打包工人。自动化使许多人丢了饭碗。

新闻播报称 Carton Wrap1000 是"全面自动化的预兆"。到那时，机器控制着整个仓库，工人们被迫失业。整个仓库都是黑漆漆的，许多机器人不需要照明，所以实现全面自动化后，公司能节省一大笔照明开支。[17] 在加拿大工作室 SpekWork 设计的游戏 GigCo 中，玩家要将箱子从一个传送带转移到另一个传送带上。要想在游戏中获胜，你就得始终"避免自动化"，不管是否在轮班。类似于亚马逊 Kiva 的小型机器人在仓库地板上交叉往返，一旦你撞到一个，公司便会引入更多机器人来弥补工人带来的损失。仓库内的照明灯光会随着机器人数量的增加而变暗，直到最后，一片漆黑，你失业了，游戏结束。[18]

技术性失业像幽灵般来回盘旋在工业社会上方，让人难以心安。19 世纪初，英国的激进纺织工人群体——卢德分子（Luddites）砸碎织袜机和机械织布机以示反抗。[19] 科幻作家库尔特·冯内古特（Kurt Vonnegut）的第一部小说《自动钢琴》（*Player Piano*）的背景也特意设成了第二次世界大战后实现了全面自动化的美国。在这部小说中，蓝领工人失业，被迫挤在工业城市伊利昂边缘的贫民区。[20] 此番场景揭示着自动化的未来。[21] 冯内古特笔下这种反乌托邦的未来图景，很可能就是 70 年后我们会面临的情况。与大多数科幻小说对自动化的描述不同，在《自动钢琴》构建的世界中，工程师负责设计机器人，但培训机器人的工作只能交由工人来做。这一过程全程受到资本操纵，工人被无情剥削，苦不堪言。这本书中有一名叫鲁迪·赫兹（Rudy Hertz）的机械师。随着自动化的普及，其他工人都被机器顶替了，整个公司现在只剩下他一人了，负责规范自动化流程，为资本家牟利。能负责培训机器人，赫兹深感自豪，但与此同时，又觉得生活挺可悲的。他常常为此沉溺于酒吧，借酒消愁。

　　冯内古特书中的未来与亚马逊构思的未来不说相似，至少也有异曲同工之处。在亚马逊设计、想象和描述的未来仓库中，机器数量更多了、履行过程更自动化了。仓库内会有越来越多的系统，负责捕捉工人动作及知识数据，并用这些数据改进机器运作。不过亚马逊未来仓库与之不同之处在于，工人数量不一定会减少。亚马逊计划通过在仓库中引入节省劳动力的机器人来降低成本，但整个过程仍需要工人参与。新技术必然会取代一批工人，但也会使其他工人生产力更高、更好控制、更加易于监管，也更灵活。即使当前技术飞速发展，亚马逊和许多其他企业也坚持认为，机器无法全面代替人类工人。例如，在其专利中，亚马逊坦言，自动化感知物理环境的能力不足，还价格高昂，这一点许多经济学家深表赞同。在一些专利文件中，亚马逊的言辞甚至让人觉得这不是一份企业文件，而是一本劳动社会学教科书。在一项关于模块化库存系统的专利中，亚马逊是这样描述自动化的：

实施起来既昂贵又耗时，不像人力，可以根据需要进行分配。因此，传统的库存系统会继续使用人力来完成许多任务，尽管人工干预往往会增加成本并拖慢自动化系统的工作速度。[23]

与昂贵的机器人相比，人类工人更便宜、更灵活、更容易更替，所以即使在未来的自动化仓库中，也少不了工人的身影。既然工人和机器人必将共存，公司就应该想想如何让工人与机器的协作更顺畅，如何使工人适配日益复杂的技术。在 re: MARS 人工智能大会上，亚马逊高管打了个有趣的比方，将自动化仓库比作"人类和机器人合奏的交响曲"。还有人将自动化仓库比作金属笼子，工人在里头跳着"机械芭蕾"。一旦成为笼中之物，工人的一举一动就全由机器决定。[24] 更直白一点儿来说，亚马逊目前所做的一切就是为了加强机器对工人的支配。让工人通过笼子缝隙，把手伸出来，完成自动化无法完成的拣货工作。

亚马逊许多专利文件中都刻画了人与机器的完美交互。机器依靠工人来感知物理环境并采取行动。工人还负责测试解决方案，将这些方案教授给算法和机器人，并在某一流程无法自动化时及时介入。这强化了管理者对商品、机器以及工人数据的掌控需求。[25] 而数据生成和数据压缩等技术的爆炸式发展满足了这一需求。亚马逊有许多这方面的专利，包括"压力传感器、红外传感器、秤、光幕、称重传感器、有源标签读写器等输入设备"。未来仓库中，人类员工会继续存在，但他们与机器的关系会发生改变。机器监控并分析着工人的活动及知识数据，用以优化劳动和机器流程。整个过程可以说是工人在培训机器人。与此同时，工人与自动化技术的交互也日益增多，有一些事情是机器人无法完成的，需要人类干预。在传统仓库中，人类给机器分配任务；而在自动化仓库中，工人劳动全由机器分配，还受其监管。鲁迪·赫兹所面临的工作场景可能并不会在现实世界中上演，因为机器离不开人，但可以确定的是，人类工人会越来越多地为机器服务。

控制工人，加速履行

提高效率是亚马逊未来计划的核心。在如今的仓库中，亚马逊用算法组织劳动，用机器人加快工作速度，这些已经将工人逼近生理极限。但就亚马逊的专利来看，工人的工作节奏并不会随着新技术的引入而有所放缓。相反，亚马逊还打算引入一些技术，帮助工人更好地适应快节奏。花最少的钱最大限度些提高生产力，这是所有资本主义公司的美好愿景，亚马逊也不例外。在其设想的未来仓库中，工人必须与机器保持同步，不能拖慢速度。一项关于协助仓储劳动的视觉系统的专利强调：

"绩效受到任务执行者的能力限制。不同工人的能力可能有很大的差异，所以人工执行或辅助任务的过程可能会有不同的绩效。"[27] 还有人担心，人类工人可能无法跟上仓库工作的极端节奏。这种极端节奏"可能导致信息过载、工人不关注或忽视信息的情况"，使工人变得"疲惫又迟钝"。这一点，亚马逊在撰写某个彩色交互界面专利时也强调了。[28] 亚马逊打算通过各种辅助手段来解决认知负荷给行动者带来的混乱情况。例如，设置视觉或触觉提示，减少工人要处理的信息量，可以给要取的商品打光、震动工人佩戴的手环，也可以给工人提供戴上之后就能看到最短取货路径的增强现实护目镜。使用技术是为了最大限度地减少耗时、易出错的动作，如仓库里那些重复乏味的按按钮、看屏幕等动作，从而加快工作速度。用贝佐斯的话说，亚马逊的目标是"无情地提高效率，回馈用户"。[29]

为了提高仓库工作效率，亚马逊计划进一步加强控制工人的自动化程度。数字技术介入劳动过程后，管理工作会外包给由数据驱动的软件系统，如零工经济应用程序和在线数据分析平台。[30] 负责运行仓库的技术会通过扫描仪给工人分配任务、控制机器人的移动，进一步巩固算法在整个履行过程中的统治地位。[31] 亚马逊的许多专利中都涉及了"中央管理模块"或"订单履行系统"，这不禁让人想到马克思笔下控制自动化工厂机器的原动机。不过，当时他想到的可能只是用蒸汽机来搬一搬机械部件。现如今，亚马逊打算用软件作为仓库的原动机，且已经为机器人运货申请了专利。这一套"管理组件"或某些软件会在未来仓库中组织工人与机器人的劳动，负责：

> 追踪移动货架及其在仓库内的位置，监控仓库内的整体库存情况，为机器人和系统的其他部件分配任务，监督并指导人工操作，如告诉工人要拣选货架上的哪些物品、所选的物品放在哪儿。[32]

亚马逊在许多专利中详细描述了负责向工人传达中央管理系统的自动决策结果的技术。现在，仓库中联通算法与工人的主要沟通媒介是电脑屏幕和条形码扫描仪。亚马逊在此基础上更进一步，申请了一项名为"增强现实护目镜"的专利，计划用其来"促进履行"。也就是说，亚马逊打算将货架的空间数据整合到软件系统中，该系统通过生成"覆盖在用户视野上的视觉提示或方向"给予拣货员路线规划指示。[33]

如图 2 所示，只要工人戴上增强现实护目镜，视野中就会出现箭头，提示他们在去某个货架取货（如咖啡杯）时，应在何时何地转弯。其他可穿戴设备被用来捕捉和分析货架上的成像数据，生成关于可用空间的三维模型，计算出货架上的哪个单元可以有效容纳哪个物品并告知拣货员。护目镜甚至还能教

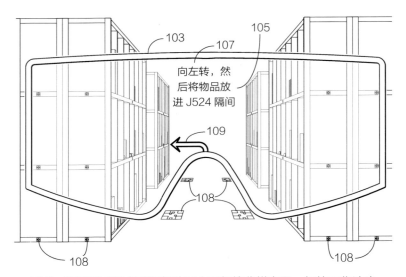

图 2　增强现实技术可以帮助工人了解拣货塔布局，加快工作速度

拣货员，比起只存入一个杯子，如何能更有效率地利用空间存入两个杯子。比如说，可以将这两个杯子塞到字帖上面。使用这些设备的目的是"加快完成任务的速度"，帮助工人提高存放或取回物品的速度，从而提高仓库的整体效率。还有许多其他专利，旨在通过一些"密集型、昂贵的"技术促进人力劳动集约化。比如，亚马逊构思了一款能给工人的手部提供触觉反馈的腕带。工人在手推车里拿起一件商品时，腕带便会将这个动作传达给中央系统。若是物品放置得不对，中央系统就会震动腕带，通知工人。

集中式算法控制将与强度更大的工人监控相结合。为了提高效率，训练工人，系统将特定的任务分配给特定的人。就像如今的仓库展现出的那样。在亚马逊的计划中，组织技术和工作场所专制是密不可分的，资本必须确保"活机器"从属于工人主义理论家拉涅罗·潘齐耶里口中的"死机器"。[34] 许多专利中赫然写着，工人不守规矩，所以要想一些更有效的新办法来协调他们与工作场所中技术的关系。一项旨在协调仓库网络内履行的算法系统专利强调：

> 商店库存是出了名的不可靠，店里的商品既容易失窃，也很容易放错地方，所以不适合为网购供货。[35]

通过专利可以看出，为了避免以上错误，防止员工违抗指令，亚马逊部署了更为精密的监控技术，如此前说过的增强现实护目镜。该护目镜不仅可以确定员工在履行中心内的位置，还"可以捕捉用户视野范围内的图像和/或视频"。与专利中描述中的许多其他设备一样，它依赖"加速度计、高度计、速度计或其他可以提供俯仰数据、偏航数据、滚动数据、速度、加速度的传感器"。总之，任何风吹草动都逃不过这款护目镜的法眼。这些高科技设备进一步推进了仓库中的泰勒数字主义逻辑：数据与技术交织，满足管理层控制劳动力的需要。员工"靠不住"，所以亚马逊构思了一款自动排班软件，在员工没法来上班、东西放错位置或罢工时重新安排工作。除此之外，亚马逊还计划使用增强现实技术，在员工和主管之间打造"增强的互动系统"。想象一下，一位经理佩戴着头戴式增强现实设备。如图 3 所示，当他看向某个员工时，系统会使用面部、服装或步态识别功能来识别对方。然后，系统将"员工数

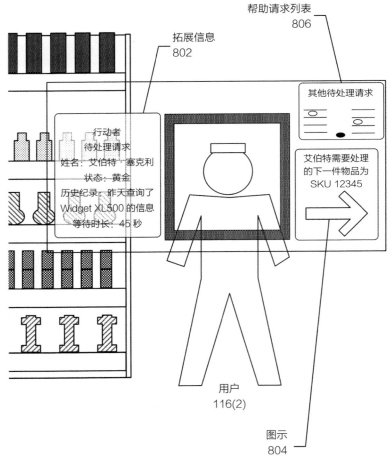

图 3　仓库经理可以借助增强现实技术查看员工的实时信息

据、仓库内的位置信息、与其他员工的关系、用户信息、仓库导航路径、访问权限"等信息投放到经理眼前。[37]这项技术可能会进一步助长专制，仓库员工及其劳动数据会被管理者一览无余。

在未来仓库中，新技术增强了算法的控制力，员工扩展了机器在物理空间中的行动能力。监视也进一步增强了，管理层能以更有效的方式获得员工的数据信息。这样一来，亚马逊在仓库内普及了数字化，也加强了监管员工、催促员工的能力，员工劳动产生的数据又被用来进一步改进机械流程。

机器的"外接传感器"

一个多世纪以来，工人知识与机械、文件编制及组织流程中的最佳方案相结合，极大地影响了劳动过程。计算机加速、深化了这一结合过程，提供了更快捷、更有效的时间运动分析，并将结果用于改进劳动过程。在资本主义早期，负责这种泰勒主义分析的是监督员，他们记录工人的动作，并利用这些信息来改进特定流程。在专利中，亚马逊计划使用大量传感器，更细致地监控工人的运动数据，并将数据分析后反馈给公司的软件系统。20 世纪 60 年代，潘齐耶里发表观点，认为真正的"泰勒主义"是通过捕获工人活动内容，并通过"计算其精神、身体、肌肉、神经能力"，客观地将活动展现出来，而不仅仅是记录动作。[38]亚马逊未来仓库使潘齐耶里的想法成了现实：在亚马逊专利中，由数据驱动的设备可以通过加速度计、陀螺仪和速度计捕获运动数据；通过红外传感器获取热图像数据，通过光学传感器和摄像头获取视觉数据；通过位置传感器、指南针、位置接收器和全球定位系统（GPS）获取空间数据；还可以通过压力传感器、麦克风和主动标签阅读器捕捉更多数据，使所有物体、活动和互动普遍实现数据化。这些工具随时待命，只等亚马逊一声令下，便开始记录工人数据，对他们采取行动。

亚马逊为配置运货机器人的系统申请的专利中清楚写明："可以通过手套、衣物或首饰等载体，往人类操作员身上放置一个或多个传感器。"[39]这样一来，只要他们在完成任务时穿戴上这些东西，不管走到哪儿，传感器都会如影随形。如今，仓库里的工人被算法支配着，完成堆放和拣货工作。在未来，亚马逊计划将工人与机器进一步结合，把工人当作传感器的载体，进一步拓展机器从环境中学习知识的能力。正如马克思在预测由未来机器主导的自动化工厂时所说的那样，工人会沦为机器"有意识的器官"。亚马逊计划使用一款基于射频跟踪系统，能通过震动向工人提供反馈的手镯。这款手镯能"追踪库存管理工人双手的运动数据，以准确判断其在空间中的位置，从而提供实时跟踪信息。"一旦捕获并分析这些数据，这些信息便"可用于改进工人往货架上存货取货的动作，从而提高库存管理系统的效率"。[40] 工人一开始运动，数据采集便会启动。比如，负责照亮待拣商品的设备会"在工人存货或取货时捕获图像"。传感器能捕捉到"操作者的头部位置、眼睛位置和 /或注视的角度"。[41]

　　从亚马逊某些专利中，我们可以清楚看出，这种数字化、数据密集型的时间运动分析将被用于训练机器人，而非用于改进人类工人的工作流程。亚马逊仓库内物品种类繁多，给机器人拣货带来了极大挑战和难度。因此，亚马逊还在专利中设想了几个可以提高机械臂拣选性能的系统。不过，要是没有人类活动数据的驱动，这一切都是空谈。一组专利模拟了机械臂抓取物体的过程：机械臂面前有一个咖啡杯，它需要抓住这个杯子。这可不好操作，对动作、力度和时间都有要求，一不注意，杯子就可能被打碎或掉到地上。机械臂内的控制器能靠传感器来分析物品的属性，并在数据库中搜索类似的物品。如果库内数据不够用，控制器可以要求工人"展示抓取策略"，在工人抓取咖啡杯的同时进行数据采集与分析。正如这份专利中所描述的那样：

如果数据库内检索不到物品的抓取策略，人类操作者可以介入，为机械臂做示范，可以在屏幕上显示的不同选项中进行选择，也可以直接戴上手套抓取杯子。这样控制器就能通过手套上的压力传感器、触觉传感器或用光学成像装置，根据基准标记呈现手套动作，从而为机械臂生成抓取策略。[42]

这样一来，机械臂就能"通过分析人类抓取东西的动作，得出一套完整的抓取策略并进行学习"。不过，机械臂抓取这一任务操作难度大，整个抓取和分析过程十分复杂，且抓取的数据：

> 可能包括机械臂接近物品时的切入方向（例如，从上面、侧面、某个角度切入）和机械臂执行特定抓取操作的动作顺序。可能的顺序是：碰到目标物品，抓住目标物品，将目标物品移到目标位置，在目标位置放开物品。

最后，控制器会评估那些成功实践的新策略，并将它们与其他策略比较后更新数据库。通过这种方式，机器训练成功地跨越了时间和空间的限制。数据库里储存着许多策略，可供将来使用，且"某机械臂在特定地方成功实施的抓取策略，可能会被迅速推广给同个工作区的所有机械臂或任何一个可以访问该数据库的库存系统"。工人抓取物体的能力被悉数纳入了软件之中，直接用于优化机器人流程。有趣的是，这些描述机械臂技术的专利明确指出，"行动者"只能是人类，不能用另一台机器替代。仓库中的工人规模可能会逐渐缩减，但这些机器仍需要靠工人对其进行培训、维护和照料。

工人替换工程

和其他形式的自动化一样，CartonWrap 1000 自动打包机器人一定程度上减少了对工人的需求，抢占了最枯燥、最重复的包装工作。但即便如此，离了工人，该机器也无法正常工作，它仍然需要工人装载订单，提供纸板和胶水，而且和其他形式的自动化一样，需要技术人员对其进行检查。MXP5 的工人称 CartonWrap 1000 为"面包机"，由它打包出来的棕色纸板箱的确很像刚烤出来的面包。在皮亚琴察的履行中心内，该机器主要是在旺季时使用。机器替代了一些工人，剩下来的那些人会负责完成新的任务。说实话，亚马逊离建立起第一个全面自动化的履行中心的梦还远着呢。不过，仓库正被打造（并想象）成工人与机器关系不断朝着有利于机器的方向转变的工作场所。全面自动化不是一朝一夕能实现的，需要循序渐进。技术确实会淘汰工人，但目前来看，人与机器共存仍是绝大多数旨在从根本上改变亚马逊工作技术组织的专利的主基调。

　　不过，送货环节是个例外，不会影响工人数量。亚马逊很重视送货流程的技术创新，现已拥有数百项关于无人机和自动驾驶汽车送货上门的专利。过去的几年里，亚马逊一直在制造并测试送货机器人原型，如蓝色六轮电动机器人运输车Scout。如今，这款运输车已在美国少数城市投入使用。在不久的将来，更多消费者将有机会接触从附近配送中心来送货的机器人。这些机器人需要人类干预，进行维修保养或远程操作（至少出故障的时候得远程操作一下）。它们不会对工人需求量有任何影响，却会对招哪儿的工人有影响。例如，亚马逊正借助其众包平台机械特克将劳动力转移到海外。然而，不像数据标注和客户服务，履行中心因其业务性质，只能设在富裕城市的市场附近，无法在全球范围内自由追求廉价劳动力（更别说月球）。但如果现在能利用劳动力管制更宽松的市场的优势，让身处哥伦比亚或菲律宾的劳动力为遥远的皮亚琴察或纽约仓库工作，情况会怎样？别着急否定，这还真有可能。亚马逊已为可远程操作的机器人申请了专利。这并不是什么新奇的想法，毕竟外科医生都开始通过操作机器人系统来完成远程手术了。设想一下，如果把同样的原理用在仓库会怎样？到那时，不同地方的工人足不出户便能操纵 MXP5 中的机器人拣货机，这些拣货机通过亚马逊数字基础设施与仓库相连。专利中是这样描述的：工人只需要戴上能接收机器人图像的虚拟现实头盔和传感器手套，再配上一根操纵杆，就能将手上的动作变成信息输送给遥远仓库中的机器人。通过头盔，工人能看到虚拟货架，他们只需要抓起待拣的商品，比如一只毛绒玩具熊，仓库里的机械臂便会再现这一拾取动作。为了使工人更有劳动体验感，手套还给他们提供了触觉反馈。[43] 这项技术将 2008 年亚历克斯·里维拉（Alex Rivera）执导的科幻电影《睡眠经销商》（*Sleep Dealer*）中的设想变成了现实。在这部电影中，墨西哥工人受雇于蒂华纳的一家工厂，远程操作在美国负责建筑工作的机器人。有了这一技术，美国工厂可以直接聘用另一个国家的廉价劳动力，不必再费尽心思寻找移民劳工。[44]

说完远程，让我们再来看看仓库内部。目前，亚马逊似乎渴望打造一个人与机器人可以交互的工作场所。其实，在许多专利中，亚马逊并没有明说到底是谁、是什么在与这些设想的技术交互，只用了"实体""行动者""用户"和"操作员"这样的字眼模糊带过。这些称呼"既可能指的是在场所中工作的人，也可能指的是被配置来执行操作的自动化设备"。[45] 亚马逊此番操作意在为未来铺路。这么一写，他们就既能部署工人也能部署机器人了。为了实现人与机器的自由交互，亚马逊专利计划让机器人采用递归式自我改进。这些机器不仅受益于"泰勒主义时间运动分析及修正反馈循环"，也成为这一循环的主体。例如，在一项旨在通过移动货架提高仓库有限空间的储存能力的机器人技术专利中，亚马逊计划用软件系统分析各个机器人的动作，按照存放的效率给它们排名并反馈结果。这样，机器人就能知道怎样工作效率最高。[46] 如果这一过程对中央软件来说负荷过大，那么可以分散化，将此任务分配给单个机器人。就像人类一样，仓库里负责控制履行过程各环节的"自动机"也可能会认知过载。这时候就需要机器人介入，承担"与自身操作相关的决策，从而减少管理模块的处理负荷"。

不过，从一些专利来看，即使是在设想的未来全自动化仓库中，工人也不会被完全替代，只不过需要和机器人更好地合作与共存罢了。简单来说，就是要打造一个人与机器共存的环境。为此，亚马逊已经在试验一款内置 RFID 芯片的高科技背心了。进场维修时，工人只需穿上背心，机器人便可以感知到人类的存在，绕过他们以避免与其发生碰撞。还有一些专利直接承认了自动化设备物理活动受限、价格高昂，因此，比起将任务分给机器人，有一些任务更适合分给人类或自动化操作人员，或干脆分给库存系统的"其他组件"或"其他合适方"。这些专利中通常都把履行过程设计成灵活或模块化的流程。例如，分拣站工作人员可以是人类也可以是机器人，不同种类的分拣站或传送带可以组装成不同形状，以适应工人或机器人的灵活部署。在一项专利中，亚马逊接受了人类劳动者是不可或缺的这一现实，并打算"更好地促进对库存物品处理的分工"，也就是机器人与人类、人类操作员与机械臂的劳动分工。[47]该专利在承认人类劳动者必要性的背景下，构思了一个系统。这一系统能决定什么样的货物适合由机械臂来存取，而超出机械臂能力之外的物品货架将被移动到人工所在的拣货塔内。也就是说，人类操作员需要完成那些由于形状、重量或易碎而不适合机器人抓取的任务。

工人执行着由机器分配的任务，但与此同时，机器也需要给工人提供支持，使人类与机器人的合作更加顺利。为此，亚马逊正致力于将涉及工人支持与协助这一流程的工作自动化。机器人能理解人类的情绪并与人类互动吗？目前，一些公司正努力开发能识别并照顾人类情绪的人工智能，打造关系型劳动。例如，脸书已为其"无聊探测器"（boredom detector）申请了专利。这一机器的算法能通过分析用户的点击或敲击模式、观察面部表情，来确定他们是否无聊以及是否想退出目前的平台。如果分析结果显示用户很快就会退出，系统便会更改推荐的内容。这样一来，脸书就能知道用户喜欢看什么样的内容，并投其所好让他们看了就舍不得退出。[49]亚马逊在一项题为"用手势和表情来协助用户"的专利中，描述了类似的自动化构想，且计划用于履行过程、Amazon Go 无人便利店和全食超市。以履行中心为例，亚马逊设想的场景如下：一名工人走进拣货塔，试图找到条形码扫描仪分配给自己的货物，如咖啡杯。如果他没找到，他就会在拣货塔过道内走来走去。这时，工人一定会面露难色，之后库存管理系统便会检测到，拣货员正因为找不到东西而神情沮丧。[50]

一旦检测到工人的挫折感，或者说，一旦算法分析出工人正觉得很挫败，亚马逊便会派助手上前询问："我可以为您提供什么帮助吗？"这里，助手的身份依旧没有明说，既可以是人也可以是机器人。这种自动化展现出了别样的未来图景：机器将执行传统上分配给女性的工作内容，而不是更偏向男性承担的仓储工作。[51]

不管这些专利是否暗示着亚马逊的终极目标是将履行过程全面自动化，从目前来看，大多数专利都是为了在不远的将来，实现人类与机器人的互相替代。这与人们普遍认为的想法相悖，全面自动化并不会带来大规模失业。而且，现实似乎正朝着另一个方向发展。即使越来越多的机器人被部署到了现有的履行中心内，亚马逊仍需要大量工人在算法的支配下从事体力劳动。放眼其他致力于实现仓储自动化的公司，情况也是如此。例如，在英国在线商店奥卡多（Ocado）的仓库中，货物被存放在配备了机器人的网格式"蜂巢"中。这些机器人与亚马逊仓库中的 Kiva 机器人工作原理相同：取货，将货物放进食品袋并等待装运。从仓库视频里来看，蜂巢形似棋盘，最上面一层有许多可移动的小机器人。各种传送带如迷宫般纵横交错，负责移动手提袋。[52] 机械臂的应用为人类拣货员减轻了负担。有些机械臂是吸盘式的，可以用来拣选罐头或箱子。有些和人手一样，可以用来拣选不规则物品。不过，这一系列活动都需要人类介入。奥卡多的员工也面临着无孔不入的监视，而且，他们也得严格执行机器人规定的工作节奏。自动化程度提高并不意味着工人的工作更轻松了。在亚马逊，新的自动化浪潮即将改变工作模式与类型。工人不会被机器取代，但他们的工作内容会发生变化，主要负责改善机器人的工作流程。机器与工作组织形式将相互依赖。引入机器人后，对工人的需求量并没有减少，人与系统的互动还更为重要了。

投机性运输

工人的未来如何，我们尚无法确定。但可以肯定的是，既然亚马逊考虑了工人的未来，那肯定也考虑了消费的未来。消费活动时刻都在变化，充满着不确定性，会因个人情况而有所不同。因此，资本家需要找到控制消费的方法。和其他公司一样，亚马逊一直在努力预测消费模式的变化，如短期订单高峰。高峰期间，仓库的工人需求量会暂时增加。其实，预测消费就是要试图确定哪种商品或哪类商品在未来某个时间或地点可能需求激增。所以，亚马逊靠算法和其他方法来预测商品被订购的可能性以及订购的时间和地点。其中一些方法其实并不新奇，比如，可以靠天气预报预测订单高峰。如果下周日下雨，那肯定会有更多的人一整天都待在家里玩手机、看电脑，下订单的概率就会增加。预测到订单高峰期后，亚马逊就能立即采取行动，增加第二天的人手，负责处理、运输这些订单。也就是说，亚马逊会增加周一的轮班工人数量。抛开这些普通的预测手段，亚马逊还有更高级的算法预测。算法预测主要靠的是分析被提取的数据，比如，从亚马逊网站的用户活动中提取的数据。这些数据经过算法分析后，便可用于组织仓库内外劳动力和商品的流通。一个履行中心再大，也没法容纳网站上所有的商品。所以，亚马逊会预测商品的下单地，并提前将商品转移到下单地附近的仓库和配送中心。亚马逊的经理妮可（Nico）聊天时告诉我：

> 这就是为什么，在你网购时，点击一个商品，上面就能显示出预计的到货时间。亚马逊商城里的一些货物，可能你这个地区压根儿没货，没准远在德国。但只要浏览同一件商品的人多了，比如，意大利有一百人或一千人在看匡威的鞋，那亚马逊就会马上着手把这些鞋运到

意大利。各地都有运货卡车满载着货物流通。

妮可补充道:"如果预测正确,当货车抵达皮亚琴察时,里面的一些商品可能已经被下单了。所以工人(和经理)必须加快工作节奏,快速卸货、扫描并存放其中的商品。一个履行中心再大,也没法容纳网站上所有的商品,亚马逊又承诺了快速交付,所以整个履行过程中的工作人员只能争分夺秒。"

亚马逊正在努力探索更为细致的需求预测,现已为其"预测性运输"或"推测性运输"算法申请了专利。在这种算法的支持下,亚马逊甚至能在客户下单之前就完成订单交付。该专利指出,电子商务一大劣势就是"客户购买后无法立即收到商品,需要等待配送"。该算法能预测、计算米兰某社区居民某天下单某商品的概率,如一包卫生卷纸。之后,该商品便会被提前运往当地,但暂不配送,包裹上也没有地址信息。有人在网上下单后,该包裹有了送货地址,快递员才会送货上门。该技术大大减少了亚马逊客户流向实体店或其他网购平台的概率,还能帮助亚马逊更好地管理仓储工人的需求量。

该技术专利中提出了"投机性运输"这一定义,意义重大。许多数字平台现在都依靠预测算法,通过数据分析来预测未来结果。社交媒体平台通过分析社交互动来计算未来的可能结果,之后利用这些预测来做决策。以我个人为例,如果照片墙（Instagram）平台分析一下我在上面的互动数据，大概就能判断出在午餐时间，我喜欢点进意大利餐厅的广告，而不是加拿大"苍蝇馆子"的广告。预测算法能通过计算风险概率来推测未来结果，这听起来挺像金融市场预测，因为金融业就是用大数据分析来推断或想象"一系列潜在的未来"，从而计算投资风险。[54] 回到上文中匡威鞋的案例，对亚马逊来说，这儿的风险是需要在不确定这一卡车鞋是否会被下单、将在何时何地下单的情况下，花费一定资源和金钱，将它们运到他国。

谁的未来

为提高仓库内自动化水平，这些年来亚马逊开发了许多新技术，巩固了其在数字工作场所的霸权。未来仓库充斥着标准化任务、算法管理、监控和时间—动作分析，人类劳动成了机械的新型附属物，弥补了其在功能上的局限。工人戴上传感器和其他设备，替机器去仓库里到达受限的地方，代替机器感知事物做出行动。一旦亚马逊出售或授权自己的科技专利，这些技术就可能被其他正在努力开发类似技术的公司直接使用。

在一本与沃尔玛仓库有关的书中，杰西·勒卡瓦里耶（Jesse LeCavalier）指出，纵观计算机发展史，"人类成为机器的拓展设备"这一说法由来已久。[55]20世纪60年代，美国心理学家、计算机开山鼻祖约瑟夫·利克莱德写了一篇有关人机互动的奠基性论文，开创性展望了人工智能的工作形式——通过分析人们的"脑力劳动"，补充人类的认知能力。也就是说，人与机器是共生的。这一观点与马歇尔·麦克卢汉的著名论断"媒体是人类感官和器官的延伸"异曲同工。按照这种逻辑，电视机算是拓展了我们远距离、异步看图像的能力。但利克莱德也揭示了未来人机互动黑暗的另一面："说是全面自动化，实际则不然。"[56] 而且，人与机器的服务关系是倒过来的，不是机器为人服务，而是人类操作员为机器服务。从沃尔玛和亚马逊部署的技术中，不难发现，事实确实如此。仓库的人类工人成了机器感知、学习以及对环境采取行动的能力的延伸。之前，计算机系统控制着工作环境，但缺乏灵活性，成本效益也不高；现在，正如勒卡瓦里耶所说，工人成了该系统的"有机延伸"。[57]

人类成为自动化的拓展设备，这听起来很反乌托邦。但 re: MARS 人工智能大会上宣传的那些乌托邦式的炒作就能全信吗？也不尽然。[58] 早在 20 世纪 60 年代初期，工人主义者就告诫大众，不要将"技术是一种自然的进步力量"这一说法奉为神话。学者朱迪·瓦克曼（Judy Wajcman）也认为，那些用来描述自动化的词语（如神经网络、智能、学习）无不充斥着误导性的拟人隐喻，给技术披上了一层伪装外衣，让人觉得它们是自然而然形成的东西，从而忽视其有争议的社会和政治性质。若想看清资本是如何利用这些机器征服人类的，我们就必须破除这些神话。

当然，尽管一些技术可能已经投入使用了，但谁也不知道亚马逊设想的其他算法和机器人技术能否成功落地并在仓库内应用，也不知道它们会以何种形式登场。不过，可以肯定的是，机器人和人类在仓库中的工作路径将不可避免地相互交叉，这一点亚马逊的专利也已经指出来了。专利的撰写人担心"人类与机器人的直接接触可能会带来问题，且机器维护也是需要考虑的问题"。[60] 但不要忘了，在维护机器的同时，工人也需要"维护"。当发现创新只是加剧了不平等现象，发现自己愈发成了机器的从属物，他们该如何自处？他们会意识到，新技术不是知识进步的产物，而是资本家为了巩固对工人的统治地位研究出来的工具。资本主义下的技术发展并不能保证会带来社会关系的根本转变。总的来说，推行自动化不是为了把人类从资本主义关系下的工作中解放出来，而是为了延续和巩固专制的工作组织方式。对此，工人们深感担忧。亚马逊佛罗里达州某仓库员工在网上写道："他们还不如直接聘用机器人呢。"

但资本家们是不会只聘用机器人的，至少短期来看是不会的。在亚马逊设想的未来仓库中，一些形式的劳动确实被淘汰了，但仍需要招聘大量工人。他们照料着机器人，执行远在千里外的算法分配的任务，穿戴上复杂的传感器，向机器提供信息并被无孔不入的监视系统管理着。这样的工作，与其说是和机器人一起工作，不如说是在为机器人服务：这是在资本有能力获取工人的知识，并在全球范围内组织劳动力的背景下的生产条件的历史性重塑。[61] 同时，由于自动化提高了仓储过程的效率，工人的需求量可能会有所减少。随着亚马逊获得廉价劳动力后备军的能力下降，自动化将有望成为新的后备军。

　　一定要这样吗？只要工人还在工作，他们就会把自己的想象和渴望带进仓库。厄里提醒道，技术的未来"既不是完全确定的，也不是完全不确定的"。[62] 它与未来的政治性质有关，而政治利益通常都充满争议且与物质利益交织在一起。最近，一些有关机器人自动化的研究指出，技术的未来是"由资本主义内部不同的剥夺技术预先决定好的"。因此，它与阶级、性别和种族构成深深交织在一起。[63] 当然，新技术也能适当缓解社会上的这些不平等情况。比如，虽说剥削很严重，但新技术催生的临时工经济门槛很低，增加了散居和少数族裔社区工人的工作机会。得益于优步，法国市郊的许多人才有了工作机会。但多数情况下，技术是社会不平等的帮凶。比如，谷歌浏览器搜索结果中就经常涉及性别歧视或种族主义等刻板观念。[65] 不过，不管是好是坏，上述案例中都有一个共同点：当决定权在资本家手里时，技术变革的追求一定是统治权和利润。不管是高管们在 re: MARS 大会上的演讲，还是亚马逊工程师们撰写的专利报告，无一例外，关注的重心都是统治权和利润，而忽视了其他方面的问题。

　　未来图景现已一片黯淡。数字自动化正面临悖论：数字化系统离不开人，人类工人的利益却在与之协作中受损。然而，技术终究是人类创造的，在未来一切成定局前，仍有许多力量能推动其演化或影响其部署方式。当然，我们也得关注以下问题：哪些性质的任务会被自动化？该领域有何监管措施？劳动力成本又如何？未来并不是自上而下下达指令，它可以被更改。资本的计划也不是万能的。因此，如果我们对建造者的所作所为心存不满，我们是否能采取行动，取代梦想家，掌控自己的命运？只要未来之书还未写成，工人就仍有能力掌控技术的权力平衡。在冯内古特的小说《自动钢琴》中，人类被迫生活在全面自动化的资本主义反乌托邦社会中。他们计划反抗，并喊出："靠电子技术为生的人，终有一日会因此丧命，这就是暴君的下场。"这些年来，亚马逊一直企图用技术塑造工人的生活，遭到了他们的强烈抵制与抗议。工人们渴望一个更美好的未来，并已结成组织，为之奋斗。通过他们的反抗斗争，我们似乎看见了一个不一样的未来，那是一条不受数字资本主义摆布的崭新道路。

第六章　创造历史

现在是 2021 年年初①，并非旺季，MXP5 仓库却比以往任何时候都热闹。大批工人聚集于此，示威抗议。3 月 8 日是国际妇女节，庆祝节日之际，女权主义团体和仓库工人联合起来，呼吁为履行中心女性工人改善工作条件。短短两周之内，抗议活动引发了全国性大罢工。一时间，从订单履行到快递配送，一系列工作都陷入瘫痪，抗议活动波及了亚马逊整条分销链。

2017 年，MXP5 就曾发生过罢工，还引发了欧洲其他履行中心的一系列罢工活动。自此之后，工人开始行动起来，抵制资本家霸权，与亚马逊斗争成了劳工与资本冲突的全球性象征。但工人的目标绝不仅限于此，他们希望获得更多切实的权益。各地工人现在正打着"我们不是机器人"或"努力工作，享受乐趣"等口号，抗议恶劣的工作条件，要求减少监视、降低速度、增强安全保障，尤其是新冠疫情期间的防疫措施。此

---

① 本书原版于 2021 年出版。——编者注

外，工人还要求提高薪资、改善福利、稳定就业、自由加班。过不了多久，火力就会蔓延到仓库内的自动化设施上。

从许多方面来看，亚马逊都给劳工运动带来了不小的威胁，原因显而易见：许多行业的公司都在模仿亚马逊开创的一系列技术，一旦它们完成了亚马逊化，那一套用来操控并在更替前压榨劳动力的策略便能得到传播。到那时，劳工运动便会面临历史性失败。表面上看，亚马逊只是忽视了工人的生计和尊严，是资本主义再普遍不过的通病。但其实，更深层的目的是推动变革。亚马逊正用数字技术和新的管理技术增强早期工业资本主义的百年逻辑，建立新形式的剥削，为其经济目标服务。因此，与亚马逊这位强敌的斗争，早已超越了改善仓库条件等小问题的范畴，成了能改变时代的重大事件。正如20世纪由产业工人领导的运动一样，在当今数字资本主义最先进的部门，工人领导的斗争也可能会产生涟漪效应，影响其他行业的工作关系。用潘齐耶里的话来说就是，作为资本主义最高"发展点"之一，亚马逊是"工人阶级颠覆性力量"最具战略潜力的地方。

所以我觉得，许多工会将亚马逊口号融入会议宣言中是非常合适的，如"我们要创造历史，我们要斗争，我们要胜利"。而工人们创造的历史将与亚马逊正在书写的历史截然不同。自下而上的历史观揭示了隐藏在亚马逊微笑箭头背后的社会关系。如果没有工人的动员抗议与亲身经历，仓库的现实仍将不为外界所知。当我 2017 年刚开始思考写这本书时，亚马逊还未成为政治运动的靶子。而今，随便打开一份报纸，就能读到与亚马逊劳工政治有关的内容。人们普遍认为，亚马逊就像一个实验室，试验着新型资本—劳工关系。

前几代仓库工人战术性地利用自己掌握的仓库知识进行反剥削斗争，现在，亚马逊用技术剥夺了工人的这一筹码。为了提高生产力，亚马逊还改变了管理方法、加入了游戏化等心理策略并试图培育乐趣文化。主管们可以通过监控系统监视工人，并离间、威胁或惩罚他们。此外，亚马逊还钻了劳动法的空子，增加了工作的不稳定性，随时准备替换工人。为防止员工集结起来，仓库内制定了严格的反工会措施。最后，为了能在未来仓库中更有效、更快速地大规模实施这些手段，亚马逊还开发了新技术予以辅助。以上这些都是为了分解工人群体，将他们个人化，防止有一天他们团结起来，意识到原来自己这一群体的集体利益与亚马逊的利益相违背。[2]

不过，亚马逊的野心绝不仅限于此。随着气候变化加剧以及全球环境恶化，资本主义在地球上的发展遇到瓶颈，于是，杰夫·贝佐斯开始把魔爪伸向宇宙，试图寻找替代星球 B。他创立了商业太空公司蓝色起源（Blue Origin），开发太空船，计划于 2024 年登陆月球。蓝色起源公司的口号是"Gradatim ferociter"，这是拉丁语，意为"循序渐进、凶猛出击"，与亚马逊公司曾用名"relentless"（永无止息、冷酷无情）相呼应。特斯拉总裁埃隆·马斯克（Elon Musk）也有着同样的太空梦。贝宝（PayPal）创始人彼得·蒂尔（Peter Thiel）等硅谷亿万富翁甚至已经开始设想要在太平洋上建立不受政府干预的人工岛国。

不过，地球上各种因素远比贝佐斯想的复杂。

纵使亚马逊极力分裂工人，他们仍团结到了一起：一些工会、工人团体以及全球其他工人组织已在亚马逊的仓库里有了一席之地。工人们正加入这场分配正义的斗争，要求公司重新分配积累的巨额财富。抗争亚马逊不仅是为了经济利益，也是为了种族和环境正义、个人健康和安全、工作场所民主和劳动数据掌控权。亚马逊目前的工作条件不是公司管理层一拍脑门的决定，而是众多因素交织下的产物。如果没有劳动力市场的自由化改革、金融全球化和殖民主义遗风，如果企业权力没有影响到地方和全球政治，如果没有可笑的企业环境责任实践，[3] 如果没有使创新私有化的知识产权法，如果没有交织着阶级、种族和性别的不公正的压迫系统，如今的亚马逊可能会是另一副模样，甚至可能不复存在。不过，话虽如此，也不能全赖外界因素。亚马逊自身的一些抉择确实带来了严重的后果，如技术方面的决定。当技术进步由资本主导时，技术就沦为了提高生产力、征服劳动力的工具。把人完全当成机器人用是不可能的，但可以慢慢将其机械化，亚马逊现在就在这么干，把工人的身体当成容易替换的备件或机器接口来用。然而，工人不愿意臣服于机器，并开始颠覆现状。人和机器的关系与工人和仓库机器人的关系并无不同，只是工人积极参与了机器塑造过程。亚马逊渴望商品能像无障碍一般快速交付，希望资金能源源不断涌入自己的口袋，但很可惜，工人反抗可能会让亚马逊梦碎。

组织仓库工人

亚马逊仓库文化充斥着反工会言论，大肆鼓吹个人成功与失败神话。机器组织着仓库内的工作，疏远了工人关系，把他们变成了流水线上的工作机器。监视系统无孔不入，随时准备掐灭政治活动苗头。因此，工人要想与亚马逊抗争，并不是什么容易的事儿。丽萨（Lisa）是 2017 年组织皮亚琴察 MXP5 工人进行劳工运动的带头人之一，据她回忆，组织的过程很艰辛。当时，许多请工会介入仓库的工人都是第一次参加劳工运动。"一开始，场面很混乱。最开始那几个积极分子根本不知道自己要干什么。"当记者问，为什么这么大的公司连工会都没有的时候，管理人员给出了老掉牙的回应："亚马逊不需要工会，我们就是保护工人的最佳人选。"全球的亚马逊管理层都是这套说辞。面对建立工会的威胁，其他国家履行中心的管理人员甚至强调："建立工会不利于仓库内科技创新，最终损害的还是工人的利益，我们应该维护大型跨国公司与员工之间的'直接工作关系'，这样才是对大家都有利的。"这一点和亚马逊在培训主管的视频中说的如出一辙。

上到办公室白领，下到仓库员工，亚马逊不允许任何国家的任何雇员加入工会。西雅图是劳工运动的热土，亚马逊是该市最大的雇主之一，聘用了数万名员工，但在亚马逊的干预下，这儿的员工从未组建过工会。除了大范围安装监视系统、大量聘请可替换的季节性工人等策略，亚马逊还采取了许多精准打击的策略。2021年年初，亚拉巴马州贝塞默BHM1仓库的工人们发起了北美履行中心有史以来第一次工会投票，管理人员随即发起了反工会宣传活动，如建立反工会网站、在厕所里贴反工会传单、动员工人"大使"在社交媒体上发表反工会言论。[4]工会组织者称，亚马逊甚至想办法缩短了BHM1仓库附近的红绿灯时间，好让工人没法趁着红绿灯间隔给同事发传单。在皮亚琴察，反工会举措变本加厉。2017年，MXP5工人申请在仓库一间房间里举行首次工会会议，被管理人员无情驳回，最后他们只能在浴室里开完了会议。但这并没能将工人联合起来，几个月后，MXP5工人便发起了亚马逊历史上的首次罢工运动。

亚马逊越是千方百计地阻挠，工人反击的意志就愈发坚定。最终，正义会战胜邪恶。过去几年，工会逐渐在西班牙、德国、英国、法国等国的仓库里有了一席之地。[5]在欧洲，工人只要自下而上组织起来了，就可以获得工会的支持。但在加拿大和美国，情况有所不同。由于法律限制，工人只能通过投票并获得多数票，才有权加入工会。所以至今，美国和加拿大的亚马逊工人都没有工会。2021年4月，亚拉巴马州的BHM1仓库员工投票决定不成立工会，亚马逊在与劳工组织的斗争中取得了现阶段胜利。2021年的5月，MXP5仓库工会在投票中获得了超过半数支持票，赢得了这场具有历史意义的投票。不过，不管是否获得多数票支持，世界各地的工会和工人团体都在参与协调反亚马逊的行动与研究。只有各国的亚马逊工人都联合起来，我们才有可能实现更广泛的变革。[6]

在那些成功成立工会的地区，工人的工作条件的确有了很大的改善。以MXP5仓库为例，该仓库只有少数人加入了CGIL工会和CISL工会等仓库中已存在的主流工会。[7]但多亏了这些人，仓库所有工人的工作条件都得以改善，享受到了夜班加薪和自由加班。最终，工会成功获得了亚马逊的许可，并成功遏制了一些剥削行为——至少对核心的全职工人来说是如此。虽然对MXP5的全职员工来说，强制加班已成往事，但临时工仍然无权拒绝加班。他们的合同一开始就没有明确规定工作时间，所以只能任由亚马逊招之即来，挥之即去。不过，工会组织者安德里亚（Andrea）坦言：

> 过去几年，中介公司聘用的临时工已经开始意识到，对经理百依百顺是换不来全职合同的，临时工终究是临时工，很难转正。许多人都已经和MXP5仓库签了四五次合同了，每次都只能签几个月的临时合同。因此，许多临时工也开始拒绝加班。

转正梦碎的临时工们意识到，必须通过斗争改善自己的境遇。多个工会曾向劳动委员会呼吁，限制亚马逊通过中介公司聘用临时工。不过很可惜，亚马逊并未迫于压力给予这些临时工全职合同。因为亚马逊深知，越稳定的劳动力越难支配。一旦工人获得了更多的劳动保护，公司的计划性淘汰制度便难以为继，公司也很难再随意支配工人。

若想真正显著改善工作条件，需要做的还有很多。既然亚马逊拿仓库当新型工厂来办，工人们便不妨拿出以前对抗早期工业资本主义的那套办法，放慢工作速度或扰乱工作流程。[8]北美的劳工活动组织者们就重新实践起了传统的工业战术。他们呼吁积极分子打入美国、加拿大的亚马逊仓库内部，实地分析仓库内的政治条件并动员工人。[9]工人集团亚马逊工人联合会正通过激进的民主决策模式以及罢工、请愿等策略在美国仓库内鼓动工人。美国西海岸某履行中心的"间谍"告诉我，除了动员工人，潜入仓库的积极分子还负责"发掘仓库内能自发行动起来担任领导角色的工人，并向其揭露亚马逊恶行"。这也是MXP5工人一直在做的事情。正如丽萨在2021年与我交谈时所说："我们正在培养新一代有志于劳工运动的年轻工人。这些工人第一次知道，还有这么一群不向剥削屈服的人。"尽管许多仓库工人没有直接参与过劳工冲突，还有人认为工会是旧时代的残余物，但媒体的关注、实地的组织，以及以上策略的实施都推动了更多工人参与政治运动。

然而，动员临时工是很困难的。对主流工会来说，动员MXP5仓库的几十名全职员工可比动员其他人简单多了。丽萨坦言，她所在的工会没几个季节性工人和临时工，这些工人在仓库里也没有正式的工会代表。不过，这一群体还是很有政治潜力的。就像罗曼诺·阿尔卡蒂分析过的20世纪60年代早期菲亚特工厂的例子。在该例子中，阿尔卡蒂将那些迫于贫穷而从意大利南部移民到北部工业化地区的人称为"新主体"，并肯定了他们的政治作用。工会认为，和这些来生产线上工作的新工人沟通难度很大，但阿尔卡蒂预见了移民工人的政治前景，并认为这种潜力得等到20世纪六七十年代工业工人阶级在意大利占据革命政治前沿时才会爆发出来并辐射到其他地方，就像 20 世纪初工业资本主义蓬勃发展时美国工会努力组织移民劳工的案例一样。[10] 在亚马逊，尤其是在意大利这样的国家，动员"新主体"就意味着要克服劳动力内部多样性带来的挑战。也就是说，要将主流工会的成员重心从以白人为主的工人阶级转移到构成大部分临时劳动力的移民工人上来。

传统的工会很难组织临时工。很多工会成员都是全职员工，白人居多，这么看来，要组织种族构成多样的临时工群体确实不是件易事。之前，我参加了在柏林和都柏林举行的主流工会全球会议。一切都如我预料的那般：红色墙壁的房间内摆满了红色椅子，放眼望去全是男性演讲者——包括我自己。这种情况可能过不了多久就会有所改变。皮亚琴察周围的大多数仓库都是由 SI Cobas 工会组织的。这是个独立工会，领导着当地物流业的劳工。工会的主心骨是早前成功招募进来的移民工人，大部分来自马格里布地区。

在一些亚马逊履行中心，类似的抗议活动正在开展。亚拉巴马州的 BHM1 仓库工人中黑人占了 80%，那儿的工人将零售批发和百货商店工会进行的工会斗争解读为一场反对亚马逊剥削黑人劳工的斗争。与马格里布地区的 SI Cobas 成员一样，BHM1 的工人也受到了另一场运动的启发和激励。在明尼阿波利斯附近的沙科皮，MSP1 履行中心的工人正在阿伍德中心一位妇女的带领下，反抗亚马逊不人道的速度指标及白人占据多数的管理层架构。

一旦抗议之风引爆全球仓库，就会有更多样化的工人参与进来，引发更多领域的抗争。[11] 随着劳动力大规模重组的推进，仓库里会迎来更多有着不同诉求、来自不同社区、有不同政治风格的临时工与移民工人。成功动员亚马逊的工人可能给物流业，甚至是整个数字资本主义的未来带来巨大改变。

怠工与辞职

工人，尤其是临时工，正在机械重复的仓库工作中寻找喘息的机会。他们在仓库里的一举一动都被监视系统记录、跟踪、计算和转化，并实时传达给管理人员。许多人开始诉诸情绪上的抵抗和破坏行为：有人偷懒，有人通过作弊加快拣货速度来最大限度地延长休息时间，也有人故意放错东西或偷窃。还记得MXP5的马克吗？就是那位随手抓起一本漫画书，读完后把它放在一个永远不会被亚马逊和其算法找到的地方的员工？

不过，也有一些工人公然抵抗亚马逊。2020年3月新冠疫情刚开始时，为了抵抗亚马逊的安排，保障个人安全，MXP5大批工人选择缺勤。MXP5仓库所在的皮亚琴察省是最早暴发新冠疫情的地区之一，但只要进仓库工作了，就不太可能保持安全的社交距离。亚马逊并未出台明确的防疫措施，也未提供个人防护装备。因此，工人们心怀忧虑，开始集体请病假。请病假充其量只能算权宜之计，但除此之外，也没别的方法了。丽萨和其他工人称："很多人就直接不来上班了。要是你去上班了，肯定会想这些不上班的人哪儿去了。管理层也不会告诉你，这些人到底是病了、被隔离了，还是旷工了。"据估计，多达 30% 的工人没来上班。[12] 人类学家詹姆斯·斯科特（James Scott）称，即使在备受压迫的条件下，日常抵抗最终也能汇聚成巨大力量，成为弱者的武器。[13]

表达拒绝最明确的方式便是提出辞职。对于那些彻底厌倦了亚马逊的节奏和监视系统或无力应对压力的工人来说，一旦有别的公司抛出橄榄枝，他们便会马上离职，奔向更好的机会。这是自下而上产生的人员流动。在我写这本书时与我交谈过的工人中有很多已经离开了 MXP5。其中，那些自愿离开的人并不后悔当初的决定。

对于不同特权阶层的人来说，辞职的意义及影响有所不同。对上层人士而言，辞职后经济状况或就业前景不会受到任何影响。比如，在 2020 年 4 月新冠疫情第一波高峰期间，时任亚马逊网络服务部副总裁的蒂姆·布雷（Tim Bray）辞去了工作，因为"继续担任这一职位就意味着要签署一系列我所鄙视的行动计划，亚马逊简直把仓库里的人当作可替换的零

部件，用于拣货和打包"。¹⁴ 科技巨头公司高管辞职并对外公
开已屡见不鲜，特别是最近在科技造福人类的神话跌下神坛
之后。媒体理论家特罗·卡尔佩（Tero Karppi）和大卫·尼伯
格（David Nieborg）称，脸书也在经历和亚马逊类似的"企业
退位"，并认为企业退位是"技术反乌托邦时代浪潮"的一部
分，甚至很多公司高管都对此感到内疚。[15] 当然，普通人离职
和高管离职不可相提并论。对高管来说，离职不仅彰显了道德
姿态，也是一种自我救赎：他们用离开来完善自我。用米歇
尔·福柯的话来说，这就是为观众而上演的赎罪大秀。[16]

　　而对普通员工来说，用离职来赎罪太奢侈了，他们也不
需要被救赎。毕竟，他们不是始作俑者，而是技术反乌托邦主
义的受害者。对许多人来说，离职只是为了摆脱身体折磨、避
免精神崩溃。不过，和那些高管一样，工人也选择了高调公布
自己的离职，他们在油管上发布的"我为什么离开亚马逊"视
频甚至已经自成一个系列，社交媒体和博客上也满是"离职宣
言"。这些工人制作、分享这些视频是为了抵制责任内化，拒
绝因跟不上亚马逊的工作节奏而受到指责。他们需要这样做，
因为在亚马逊仓库里，工人们被教导的都是"失败了，要从自
身找原因"。当工人受工伤或无法达到目标配额时，主管会将
一切归咎于"工作方式不对"，例如，"谁让你喝这么多水的？
谁让你在 12 个小时轮班间隔时不好好睡觉的？"于是，离职

后，这些工人便开始在社交媒体上分享自己在仓库的崩溃瞬间和过劳体验，公开拒绝为失败担责并就"谁该担责"这一点达成共识。[17]这些员工的自白有助于构建网络社区。现如今，许多人都借助虚拟空间，通过红迪网等论坛或其他社交媒体平台来找到同伴并分享工作经验。和遍布监控、缺乏社交空间的仓库比起来，这些论坛就像是休息室，给工人提供了聚集和讨论的空间。[18]视频自白和论坛发帖都有助于构建前雇员支持网络，从而帮助他们更好地应对失败和崩溃所带来的心理影响。

不过说实话，员工辞职最多算是自我解脱，工人群体不会因此就有更强大的集体力量。对亚马逊来说，这更没什么影响，反而还给了他们部署自动化的机会。高离职率不利于仓库内部组织工人，很多工人都懒得和亚马逊斗，选择直接离职。正如西海岸地区的工人组织者告诉我的那样："那些参与工人组织的人都对亚马逊怀恨在心，他们随时都可能离职。"然而，辞职后去哪儿呢？和亚马逊差不多的下家太难找了。在一些地区，亚马逊已经成了当地最主要的雇主，扰乱了零售业工作，催化了劳动力市场重组。不管是对皮亚琴察的工人，还是对亚马逊设有履行中心的其他地区的工人来说，当地能找到的工作机会都不少，只不过都是类似的仓储工作。无非就是换个老板，从亚马逊仓库跳到宜家、TNT或扎兰多的仓库。说到底，亚马逊才是员工辞职最大的受益人，甚至可以说他们并不担心员工离职。相反，亚马逊商业模式的核心就是高离职率，公司还制订了员工淘汰计划。只要有足够的后备军能顶上，再多工人离职都无所谓。长远来看，人类劳动力需求将持续存在，但亚马逊计划逐步引入自动化，以减少对人的依赖。除非把离职政治化、普遍化，否则这只能是一种自我保护策略，不会对亚马逊有一丝一毫的影响。

颠覆亚马逊

组织起来的工人试图同时在仓库内外反抗亚马逊。为此，他们并没有直接摒弃，而是选择了颠覆亚马逊的一些核心理念。

这场工人斗争既是一场物质斗争，也是一场极具象征意义的斗争，关键是要用微笑箭头背后的仓库现实来击碎亚马逊的技术田园神话。这并不容易，因为多年以来，亚马逊一直在其仓库内鼓吹进步与解放的神话，并辅以一系列管理手段，使神话深入人心。许多人喜欢在亚马逊工作，也享受履行中心的乐趣文化。在格拉斯多等员工评论平台上，许多人都给亚马逊打出了高分。但正如一位致力于将 MXP5 纳入工会的组织者所说，要想成功反击亚马逊，就得"出奇制胜，直击弱点，揭露微笑背后不为外人所知的残酷现实"。比如，2018 年 4 月，皮亚琴察一工人代表团前往柏林，与来自欧洲各地的亚马逊人一起抗议贝佐斯获奖（一项旨在表彰创新人才的奖项）。[19] 工人们向颁奖委员会抗议：连贝佐斯都能获奖，社会责任的门槛是有多低？此外，工人们还借用亚马逊鼓吹的"客户至上"等口号来打破神话，工人团体"亚马逊员工争取气候正义"（Amazon Employees for Climate Justice）就是这样做的。他们在 2019 年的股东大会上捣乱，要求公司处理给环境带来的负面影响。这群工人打着亚马逊模范员工的口号抗议，认为公司排放的二氧化碳破坏了地球环境，是虚伪的"客户至上"。[20]

最重要的是，亚马逊工人能破坏和扰乱运营，从而使快速实现消费者愿望的承诺落空。其实，亚马逊建立起的那套灵活模式脆弱不堪，因为它主要依靠在订单高峰期间压榨员工，所以一旦员工在这些重要时间节点罢工，亚马逊便会遭受重创。MXP5 仓库工人就在 2017 年黑色星期五前后举行了首次罢工活动。并且此前，工人情绪就极其高涨，在亚马逊最缺人手的旺季拒绝强制性加班。[21] 除此之外，其他国家工人也在会员日或"网络星期一"举行了工人抗议。

亚马逊履行中心的正常运行对商品流通至关重要。一旦履行中心无法完成取货、打包和运输等工作，按时交付便成了一句空话。因此，工人可以利用这一点战术优势，破坏亚马逊供应链。[22] 不过，如果要真正触及亚马逊的底线，仅靠封锁单个履行中心是不够的。亚马逊仓库网络庞大，完全能支持其在一个仓库停止工作时转移订单，避免流通中断。工人们意识到了这个问题，正在寻找解决方法。比如，2018 年，MXP5 的一位工会代表强调称：

> 罢工活动很难组织，也很难管理，需要尽可能组织工会。MXP5 仓库的工人成功罢工了，那罗马和韦尔切利呢？只要罗马仓库仍在运营，亚马逊就照样可以转移订单，这种罢工只能激起小波小浪，压根掀不起什么大波澜。我们需要时间。

而且，亚马逊仓库聘用了大量灵活劳动力，仓库完全可以在有人罢工的时候找临时工顶上。因此，必须同时在多地发起罢工，让亚马逊无法通过仓库网络转移订单。此外，还可以试着拉拢那些不太容易被动员的临时工。

为对抗亚马逊极具韧性的物流系统，工人需要打造与物流网络相对的抗争网络。[23] 也就是说，要建立起网络化组织。这样的组织拥有战术优势，能克服公司的组织和技术障碍，围攻亚马逊。

2021 年 3 月 22 日，工人首次以网络化组织形式围攻亚马逊。这次大罢工由主流工会组织，涉及亚马逊的整个分销链。

罢工主诉是为最低工资工人提供经济补助并降低工作速度，尤其是送货速度。活动当天，为了扰乱整个分销链，MXP5 和其他几个履行中心的工人同时罢工，但最终起最大作用的是米兰及意大利其他城市周围的 7 个小型配送中心的罢工。负责储存和管理商品的是履行中心和配送中心，而负责商品配送的则是与亚马逊签约的公司的司机和快递员。这些人也参与了罢工，其中有几百名快递员一年前就开始抗议亚马逊的强制性加班和紧张的工作节奏。据工会估计，仅伦巴第大区，当天就有 25 万份订单未能送达。与我交谈的另一位工会组织者安德里亚指出，相较于 2017 年的罢工，2021 年的这次罢工有了很大进步：罢工参与者由最初那几名激进工人扩大到了 MXP5 大部分工人，工会也成功在意大利其他履行中心内有了一席之地。安德里亚说："现在我们商量着将罢工推广到韦尔切利和罗马的仓库，这样亚马逊便无法继续转移订单。罢工行动表明，只要大家团结在一起，工人行动便能像亚马逊的履行过程那样同步、灵活并逐步扩大规模。"

诚然，建立起覆盖亚马逊整个分销链的联盟至关重要，但若是要超越它，寻求更大范围的重组，将公司全球分工中不同职位的工人联合起来呢？结果会如何？现如今，这一联合模式正势头强劲。不过，工人们可能需要在 2021 年 3 月意大利罢工的基础上进一步扩大成员范围。仓库工人、送货工人、工程师之间已经实现了跨阶级联合，亚马逊的工程师和技术工人甚至已经开始参与抗议仓库恶劣的工作条件。与仓库环境相比，工程师和其他白领员工所在的西雅图市中心的繁华办公室仿佛属于另一个星球。西雅图总部大部分雇员都是白人，他们工资更高，福利更好，工作环境也更舒适。不过，他们与仓库员工有共同点：都不满亚马逊的专制管理，也都担忧亚马逊电商运营对人类以及环境的影响。组织全球的亚马逊员工有利于仓库工人将个人斗争置于反对性别歧视、制度性种族主义和紧缩政策等更广泛的斗争中。比如，由地方组织的环境运动正反对亚马逊建造新的履行中心，抗议其对土地的影响和给社区带来的大气污染。[24] 全球性运动将非政府组织、工人中心和社会运动结合起来，形成了更广泛的联盟。[25]

在这场激烈的斗争中，亚马逊工人并不孤单。[26] 他们深知，在自己推进仓库斗争的同时，反对全球数字资本主义的斗争也正如火如荼地进行着。从多伦多到雅加达，各地工人的例子已证明，个体化或将工人分开并不能阻止他们联合。全球各地的工人已经抓住了机遇，开始组织和自己一样无组织、由算法管理且个体化的数字资本主义劳动者。[27] 目前，工人起义正在许多由数字技术支撑的新兴工作岗位中上演。谷歌校园（Google Campuses）的工程师发起了抗议，食速达和户户送（Deliveroo）等平台的食品配送员之间、优步司机之间也建立起了跨国联盟。以上例子表明，新的组织形式有利于自下而上的工人运动适应如今的技术和政治挑战，摆脱传统工会政治的限制和拖延。[28]

结　语

　　亚马逊仍处于扩张阶段，正以前所未有的速度在全球各地建造新仓库，包括最近才开设的印度站。与此同时，亚马逊也在经历一个前所未有的资本和权力积累的周期。数百万亚马逊人既是公司扩张的主力军，也是终结者，这也就是为什么工人的知识和经验如此重要。要想与亚马逊对抗，我们需要深入了解这家数字工厂是如何组织工作、重新安排社会权力关系以实现资本的无情积累的。

　　不过，亚马逊电商帝国看似无情，实则不堪一击，正面临运营成本高、利润率低等问题，和亚马逊网络服务等其他业务相比，更是黯然失色。全球各地劳工运动愈演愈烈，威胁着亚马逊的剥削体系。与此同时，反垄断浪潮令亚马逊深陷迷雾。若相关法案通过，亚马逊的垄断能力将大幅受限，也再难通过对接云计算、电商和监视系统建立起对员工的掌控权，甚至有被拆分的可能。亚马逊的创新科技加剧了不平等，但工人可以通过与之谈判、拒绝引进新的自动化设备或要求撤除工作场所监控来引导亚马逊的发展轨迹。只不过，光靠"引导"是无法颠覆现状的，要想彻底控制科技走势，只能终结所有数字资本主义公司。[1]有人认为，亚马逊的全球生产和分销链规划可以、也应该更民主化，应将其社会化，亚马逊并将所有权力赋予员工。[2]

可以肯定的是，缺乏新的社会形式和独立于资本主义生产关系的新工作方式，也是让亚马逊能随心所欲"创造历史"的一大原因，这一点需要颠覆。勇敢走出仓库吧，去夺回属于你们的未来。

注 释

第一章 永不止息

1. Warde, A. (2015). The sociology of consumption: Its recent development. *Annual Review of Sociology*, *41*, 117–134. See also Graeber, D. (2011). Consumption. *Current Anthropology*, *52*(4), 489–502.

2. Marx, K. (1867, 1976). *Capital* (Vol. 1). Penguin, p. 125. Marx discussed circulation in the second volume of Capital.

3. Ciccarelli, R. (2018). *Forza lavoro: Il lato oscuro della rivoluzione digitale*. DeriveApprodi, pp. 10–12.

4. Quoted in Stone, B. (2013). *The everything store: Jeff Bezos and the age of Amazon*. Little, Brown and Company, p. 286.

5. For an analysis of Amazon as a new form of capitalism see Alima–homed–Wilson, J., and Reese, E. (2020). *The cost of free shipping: Amazon in the global economy*. Pluto Press.

6. Bergvall–Kåreborn, B., and Howcroft, D. (2014). Amazon Mechanical Turk and the commodification of labour. *New Technology, Work and Employment*, *29*(3), 213–223.

7. See Cowen, D. (2014). *The deadly life of logistics: Mapping violence in*

global trade. University of Minnesota Press; and Orenstein, D. (2019). *Out of stock: The warehouse in the history of capitalism*. University of Chicago Press.

8.   Bezos, J. (1998). *1997 letter to shareholders*. Retrieved from www. aboutamazon.com.

9.   Charam, R., and Yang, J. (2019). *The Amazon management system*. IdeaPress Publishing. See also Galloway, S. (2017). *The four: The hidden DNA of Amazon, Apple, Facebook, and Google*. Penguin; and Dumaine, B. (2020). *Bezonomics: How Amazon is changing our lives and what the world's best companies are learning from it*. Scribner.

10. Stone, B. (2013). *The everything store: Jeff Bezos and the age of Amazon*. Little, Brown and Company, pp. 176–177.

11. Kantor, J., and Streitfield, D. (2015, August 15). Inside Amazon: Wrestling big ideas in a bruising workplace. *The New York Times*.

12. Klein, N. (2007). *Shock doctrine*. Knopf Canada.

13. Goodwin, H. (2020, December 10). Jeff Bezos could give all Amazon workers $105,000 and still be as rich as pre-Covid. *The London Economic*.

14. Ligman, K. (2018). *You are Jeff Bezos*. Retrieved from https://direkris.itch. io/you-are-jeff-bezos.

15. The quote is taken from Allen Mandelbaum's English translation. See Alighieri, D. (1982). *Inferno*. Random House, canto I, 98–99.

16. Braudel, F. (1995). *The Mediterranean and the Mediterranean world in the age of Philip II*. University of California Press, p. 379.

17. Arrighi, G. (1994). *The long twentieth century: Money, power, and the origins of our times*. Verso.

18. Massimo, F. (2020, April 24). Piacenza, il virus e il container. *Il Mulino*.

19. Heel, P. (2018). *Hinterland: America's new landscape of class and conflict*. Reaktion Books.

20. Apicella, S. (2020). Rough terrains: Wages as mobilizing factor in German and Italian Amazon distribution centers. *Sozial Geschichte Online*, *27*, 1–14.

21. Rossiter, N. (2017). *Software, infrastructure, labor: A media theory of logistical nightmares*. Routledge, p. 5.

22. API，即应用程序接口，是一种连接计算机或计算机程序的软件接口。本句摘自 Bezos, J. (2007). *2006 letter to shareholders*. Retrieved from www.aboutamazon.com。

23. Jarrett, K. (2003). Labour of love: An archaeology of affect as power in e-commerce. *Journal of Sociology*, *39*(4), 335–351.

24. Crawford, K., and Joler, V. (2018). *Anatomy of an AI system*. Retrieved from http://anatomyof.ai.

25. Huws, U. (2014). *Labor in the global digital economy: The cybertariat comes of age*. Monthly Review Press.

26. ChainCrew (2002). *ChainWorkers. Lavorare nelle cattedrali del consumo*. DeriveApprodi. On non-places see Augé, M. (1992). *Non-lieux. Introduction à une anthropologie de la surmodernité*. Seuil.

27. Biagioli, M. (2014). *Celebrating garages, mythifying Silicon Valley* [Conference presentation]. European University at St. Petersburg. On the garage as a site of innovation see also Erlanger, O., and Ortega Govela, L. (2018). *Garage*. MIT Press. On its gendered nature see Jen, C. (2015). Do-it-your-self biology, garage biology, and kitchen science. In: Wienroth, M., and Rodrigues, E. (eds.), *Knowing new biotechnologies: Social aspects of*

technological convergence. Routledge, pp. 125–141.

28. 英国文化批评家 Barbrook, R. 和 Cameron, A. 称之为"加州意识形态"。参见 Barbrook, R., and Cameron, A. (1996). The Californian ideology. *Science as Culture*, 6(1), 44–72.

29. 对 Google、Groupon 和 Facebook 创始人信件的分析，见 Dror, Y. (2015). "We are not here for the money": Founders' manifestos. *New Media & Society*, 17(4), 540–55. 对 Twitter 和 Yelp 的分析，见 Nam, S.(2020).Cognitive capitalism, free labor, and financial communication: A critical discourse analysis of social media IPO registration statements. *Information, Communication & Society*, 23(3), 420–436.

30. Nakamura, L. (2014). Indigenous circuits: Navajo women and the racialization of early electronic manufacture. *American Quarterly*, 66(4), 919–941.

31. Quoted in Steinberg, J. (2012, October 18). Amazon creates 700 jobs in San Bernardino with new distribution center. *The Sun*; and in Skebba, J. (2019, July 22). It's official: Amazon is coming to Rossford. *The Blade*.

32. Jones, J., and Zipperer, B. (2018). *Unfulfilled promises: Amazon fulfillment centers do not generate broad-based employment growth.* Economic Policy Institute.

33. Anonymous. (2018, January 20). Unfulfillment centres: What Amazon does to wages. *The Economist*.

34. Huws, U. (2014). *Labor in the global digital economy: The cybertariat comes of age.* Monthly Review Press, p. 39.

35. Apicella, S. (2020). Rough terrains: Wages as mobilizing factor in German and Italian Amazon distribution centers. *Sozial Geschichte Online*, *27*, 1–14.

36. Adecco. (2021). *MOG: Monte ore garantito*. Retrieved from www.adecco. it.

37. See Amazon (2020). *Our workforce data*. Retrieved from www. aboutamazon. com.

38. 例如，意大利威内托大区。See Ferro, E. (2021, January 10). Licenziato da Amazon il magazziniere costretto a vivere in camper. *La Repubblica*.

39. 合作社联盟，简称 Legacoop，是一个成立于 19 世纪末的国家组织。它联合了数千家合作社，从工人领导的小型组织到大型超市连锁店，不一而足。该组织在艾米利亚—罗马涅大区实力强劲。

40. Altenried, M. (2020). The platform as factory: Crowdwork and the hidden labour behind Artificial Intelligence. *Capital & Class*, *44*(2), 145–158.

41. 早期的工人主义者团体是 1968 年以前意大利政治活动家和知识分子组成的松散群体。更多内容，详见 Wright, S. (2017). *Storming heaven:Class composition and struggle in Italian Autonomist Marxism*. Pluto Press.

42. Benjamin, R. (2016). Innovating inequity: If race is a technology, postracialism is the Genius Bar. *Ethnic and Racial Studies*, *39*(13), 2227–2234.

第二章　努力工作

1. See Kantor, J., Weise, K., and Ashford, G. (2021, June 15). The Amazon that customers don't see. *The New York Times*.

2. 有关亚马逊数字泰勒主义的内容，见 Massimo, F. (2019). Spettri del Taylorismo. Lavoro e organizzazione nei centri logistici di Amazon. *Quaderni di Recerca Sociale*, 3,85–102. 一般性理论，见 Altenried, M. (2020). The platform as factory: Crowdwork and the hidden labour behind

Artificial Intelligence. *Capital & Class*, 44(2), 145–158.

3. Walker, T. (2020). Alexa, are you a feminist? Virtual assistants doing gender and what that means for the world. *iJournal*, *6*(1), 1–16.

4. 有关社交媒体的内容，见 Postigo, H.(2016). The socio–technical architecture of digital labor: Converting play into YouTube money. *New Media & Society* 18(2), 332–349, and Cohen, N. (2018). At work in the digital newsroom. *Digital Journalism*, 7(5), 571–591. 有关叫车服务的内容，见 Rosenblat, A., and Stark, L. (2016). Algorithmic labor and information asymmetries: A case study of Uber's drivers. *International Journal of Communication*, 10, 3758–3784; or Chen, J. (2017). Thrown under the bus and outrunning it! The logic of Didi and taxi taxi drivers' labour and activism in the on–demand economy. *New Media & Society*, 20(8), 2691–2711. On crowdwork see Bergvall–Kareborn, B., and Howcroft, D. (2014). Amazon Mechanical Turk and the commodification of labour. *New Technology, Work and Employment*, 29(3), 213–223; or Lee, M.K., Kusbit, D., Metsky, E., and Dabbish, L.(2015). Working with machines: The impact of algorithmic and data–driven management on human workers. *Proceedings of the 33rd Annual ACM Conference on Human Factors in Computing Systems*, USA, pp. 1603–1612.

5. Aneesh, A. (2009). Global labor: Algocratic modes of organization. *Sociological Theory*, *27*(4), 347–370; see also Danaher, J. (2015). The threat of algocracy: Reality, resistance and accommodation. *Philosophy of Technology*, *29*, 245–268.

6. 有关研究专有算法的方法的分析，见 Burrell, J.(2016).How the machine "thinks": Understanding opacity in machine learning algorithms. *Big Data & Society*, 3(1); Kitchin, R. (2016). Thinking critically about and researching algorithms. *Information, Communication & Society*, 20(1),

14–2; or Seaver, N. (2017). Algorithms as culture: Some tactics for the ethnography of algorithmic systems. *Big Data & Society*, 4(2), 1–12.

7. Alquati, R. (1975). *Sulla FIAT e altri scritti*. Feltrinelli, pp. 114–117.

8. 工人在训练和维护自动化系统方面起的作用，见 Casilli, A.(2018). *En attendant les robots: enquête sur le travail du clic*. Seuil.

9. 例如，见 Muralidhara,G.V., and Vijai, P.(2016). *Inside Amazon:Chaotic storage system*. IBS Center for Management Research. 检索自 www.thecasecentre.org; 或见 Hausman，W.H.，Schwarz，L.B.，and Graves，S.C.(1976). Optimal storage assignment in automatic warehousing systems. *Management science*，22(6)，629–638.

10. Agre, P.E. (1994). Surveillance and capture: Two models of privacy. *The Information Society*, *10*(2), 101–127.

11. 物流中的数据采集，见 Rossiter,N.(2017). *Software, infrastructure, labor: A media theory of logistical nightmares*. Routledge, pp.4–5.

12. Weidinger, F., and Boysen, N. (2018). Scattered storage: How to distribute stock keeping units all around a mixed–shelves warehouse. *Transportation Science*, *52*(6), p. 1412.

13. 杰西·勒卡瓦里耶曾撰书介绍另一家巨型企业沃尔玛的库存组织。其中，勒卡瓦里耶介绍了沃尔玛工人是如何扩展软件系统的——他们承担着计算机无法完成的任务，同时产出能被计算机利用的信息，用于管理其他关键业务。见 LeCavalier, J. (2016). The rule of logistics: *Walmart and the architecture of fulfillment*.University of Minnesota Press, p.153.

14. On this process see Danaher, J. (2015). The threat of algocracy: Reality, resistance and accommodation. *Philosophy of Technology*, *29*, 245–268.

15. 这是整个研究领域的主题，有关仓储的具体内容，参见 Gertler,

M.S.(2003).Tacit knowledge and the economic geography of context, or the undefinable tacitness of being (there). *Journal of Economic Geography*, 3(1),75–99.

16. See Chen, J. (2017). Thrown under the bus and outrunning it! The logic of Didi and taxi drivers' labour and activism in the on-demand economy. *New Media & Society*, 20(8), 2691–2711; and Cant,C.(2019). *Riding for Deliveroo: Resistance in the new economy*.Polity.

17. 了解仓库内这种趋势的发展历史，见 Orenstein, D.(2019). *Out of stock: The warehouse in the history of capitalism*. University of Chicago Press. 若要透过物流业发展反观现代资本主义，见 Benvegnu,C., Cuppini,N.,Frapporti,M., Milesi, F., and Pirone, M.(2019). Logistical gazes: introduction to a special issue of *Work Organisation, Labour and Globalisation*. *Work Organisation, Labour Globalisation*, 13(1),9–14.

18. "劳动力退化"是社会学家哈里·布雷弗曼在其有关工厂劳动的著作中提出的定义。详见 Braverman, H.(1974). *Labour and monopoly capital: The degradation of work in the twentieth century*. Monthly Review Press. 亚马逊完成中心工作人员的自白，见 Amazon workers (2018). Stop treating us like dogs! Workers organizing resistance at Amazon in Poland. In: Alimahomed-Wilson, J. and Ness, I. (eds.), *Choke points: Logistics workers disrupting the global supply chain*. Pluto Press, PP. 96–109; 或见 Anonymous. (2018, November 21). Our new column from inside Amazon: They treat us as disposable. *The Guardian*.

19. 暴政式时间管理的历史记载，见 Thompson, E.P.(1967).Time, work-discipline, and industrial capitalism. *Past & Present*, 38, 56–97.

20. Brar, A., Daniel, M., and Sra, G. (2020, December 30). "I am scared to take a day off whether sick or not." The voiceless warehouse workers in Peel and how COVID-19 has silenced them even more. *The Toronto Star*.

21. Strategic Organizing Center. (2021, May). *Primed for speed: Amazon's epidemic of workplace injuries*. Retrieved from www.thesoc.org.

22. Evans, W. (2020, September 29). How Amazon hid its safety crisis. *Reveal*.

23. Tung, I., and Berkowitz, D. (2020, March 6). *Amazon's disposable workers: High injury and turnover rates at fulfillment centers in California*. National Employment Law Project Data Brief; for a summary of the report see Evans, W. (2020, September 29). How Amazon hid its safety crisis. *Reveal*.

24. Bezos, J. (2021). *2020 letter to shareholders*. Retrieved from www.aboutamazon.com.

25. Evans, W. (2020, September 29). How Amazon hid its safety crisis. *Reveal*.

26. Huws, U. (2014). *Labor in the global digital economy: The cybertariat comes of age*. Monthly Review Press.

27. Marx, K. (1867, 1976). *Capital* (Vol. 1). Penguin, p. 526.

28. Braverman, H. (1974). *Labour and monopoly capital: The degradation of work in the twentieth century*. Monthly Review Press, p. 82.

29. Panzieri, R. (1961). Sull'uso capitalistico delle macchine nel neocapital-ismo. *Quaderni rossi*, *1*, p. 74.

30. Zuboff, S. (2019). *The age of surveillance capitalism*. PublicAffairs.

31. Couldry, N., and Mejias, U.A. (2019). *The costs of connection: How data is colonizing human life and appropriating it for capitalism*. Stanford University Press; see also Sadowski, J. (2019). When data is capital: Datafication, accumulation, and extraction. *Big Data & Society*, 1–12.

32. 关于监控消费者的商品化早期分析内容，见 Cohen, N.S.(2008). The valorization of surveillance: Towards a political economy of Facebook.

Democratic Communique, 22(1)，5–22.

33. Tronti, M. (1966, 1980). The strategy of refusal. *Semiotext(e)*, *3*(3), 29–32.

34. Wajcman, J. (2014). *Pressed for time*. University of Chicago Press.

35. Beniger, J. (1986). *The control revolution: Technological and economic origins of the information society*. Harvard University Press.

第三章　玩得开心

1. 正如在数字经济的许多其他部门一样。详见 Huws,U.(2016,June1). Logged in. *Jacobin*.

2. Amazon (2021, May 17). *From body mechanics to mindfulness, Amazon launches employee-designed health and safety program called WorkingWell across U.S. operations* [Press release]. Retrieved from www. aboutamazon. com.

3. 例如，见 Gregg, M.(2018).*Counterproductive: Time management in the knowledge economy*. Duke University Press.

4. Hahn, J. (2019, November 27). I went on a propaganda tour of an Amazon warehouse.*VICE*.

5. Fleming, P. (2005). Workers' playtime? Boundaries and cynicism in a "culture of fun" program. *The Journal of Applied Behavioral Science*, *41*(3), 285–303.

6. 这在社交媒体、绿色经济等行业中很常见。社交媒体有关内容，见 Duffy, B. E. and Schwartz,B. (2018). Digital "women's work?": Job recruitment ads and the feminization of social media employment. *New Media Society*, 20(8)，2972–2989。绿色经济有关内容，见

Castellini, V.(2019). Environmentalism put to work: Ideologies of green recruitment in Toronto.*Geoforum*,104,63–70.

7. Amazon (2021). *Employee engagement*. Retrieved from www.about amazon.com.

8. Anonymous (2017). Working for Amazon: Better than sex, worse than hell (Part 1). *Naked Capitalism*.

9. Amazon (2021). *Employee engagement*. Retrieved from www.about amazon.com.

10. Amazon (2021). *Employee engagement*. Retrieved from www.about amazon.com.

11. Mollick, E. R. and Rothbard, N. (2014). Mandatory fun: Consent, gam-ification and the impact of games at work. *The Wharton School research paper series.*

12. 呼叫中心有关内容，见 Brophy, E.(2017). *Language put to work: The making of the global call centre workforce*. Palgrave Macmillan 或 Woodcock, J.(2017). *Working the phones: Control and resistance in call centers*. Pluto Press. 零工经济的游戏化情况，见 Mason, S. (2018, November 20). High score, low pay: Why the gig economy loves gamification. *The Guardian.*

13. Burawoy, M. (1979). *Manufacturing consent. Changes in the labor process under monopoly capitalism.* University of Chicago Press.

14. Dow Schüll, N. (2012). *Addiction by design: Machine gambling in Las Vegas.* Princeton University Press.

15. Rosenblat, A. and Stark, L. (2016). Algorithmic labor and information asymmetries: A case study of Uber's drivers. *International Journal of Communication, 10*, 3758–3784.

16. Woodcock, J., and Johnson, M. (2018). Gamification: What it is, and how to fight it. *The Sociological Review, 66*(3), 542–558; see also Fizek S., Fuchs, M., Ruffino, P., and Schrape, N. (eds.). (2014). *Rethinking gamification*. Meson Press.

17. Han, B. (2017). *Psychopolitics: Neoliberalism and new technologies of power*. Verso.

18. Open Markets Institute. (2020, August 31). *Eyes everywhere: Amazon's surveillance infrastructure and revitalizing worker power*.

19. For a first-hand account of this phenomenon in Canada see Amazon Workers Collective (2020, October 28). Workers of the world: Salt at Amazon! *Briarpatch*.

20. Gurley, L.K. (2020, October 7). Pregnant Amazon employees speak out about nightmare at Oklahoma warehouse. *Vice*.

21. Dastin, J. and Hu, H. (2020, April 18). Exclusive: Amazon deploys thermal cameras at warehouses to scan for fevers faster. *Reuters*.

22. Schreiber, E. (2020, December 11). Amazon Web Services offers companies new tools for spying on workers. *World Socialist Web Site*.

23. Peterson, H. (2020, April 20). Whole Foods tracks unionization risk with heat map. *Business Insider*.

24. Yeturu, K., and Huddleston, H.L. (2019). Image creation using geo-fence data. US patent 10313638.

25. American Civil Liberties Union (2020, June 10). *ACLU statement on Amazon face recognition moratorium*. Retrieved from www.aclu.org

26. Ali, H. (2020, September 25). Amazon's surveillance system is a global risk to people of color. *Medium*.

27. Browne, S. (2015). *Dark matters. On the surveillance of blackness*. Duke University Press.

28. 此广告见 https://web.archive.org/web/2o20090112594ol https://www.amazon. jobs/en/jobs/1o26o6o/intelligence-analyst

29. Gurley, L.J. (2020, November 23). Secret Amazon reports expose the company's surveillance of labor and environmental groups. *VICE*.

30. 亚马逊监控系统的详细描述，见 Delfanti,A., Radovac, L., and Walker, T. (2021). *The Amazon panopticon: A guide for organizers and policymakers*. UNI Global Union.

31. Rosenblat, A. and Stark, L. (2016). Algorithmic labor and information asymmetries: A case study of Uber's drivers. *International Journal of Communication, 10*, 3758–3784.

32. Kantor, J., Weise, K., and Ashford, G. (2021, June 15). The Amazon that customers don't see. *The New York Times*.

33. Reese, E. and Struna, J. (2018). "Work hard, make history": Oppression and resistance in Inland Southern California's warehouse and distribution industry. In: Alimahomed-Wilson, J. and Ness, I. (eds.), *Choke Points. Logistics Workers Disrupting the Global Supply Chain*. Pluto Press, pp. 81–95. They borrow the idea of management by stress from Parker, M., and Slaughter, J. (1994). Management-by-stress: Management's ideal. In: Parker, M. and Slaughter, J. (eds.), *Working smart: A union guide to participation programs and reengineering*. Labor Notes, pp. 24–38.

34. 在这一幕中，瑟曦王后在公众面前惨遭羞辱，被迫一丝不挂地穿越人群。

35. Curcio, A. (2000). Resisting sexism and racism in Italian logistics worker organizing. In: Ovetz, R. (ed.), *Workers' inquiry and global class struggle.*

Pluto Press, pp. 90–102.

36. See Salzinger，L. (2003). *Genders in productions: Making workers in Mexico's global factories*. University of California Press. 女性性别以及在完成中心内遭受的性骚扰情况，见 Reese, E.(2020). Gender, race, and Amazon warehouse labor in the United States. In: Alimahomed-Wilson, J., and Reese, E.(eds.) *The cost of free shipping. Amazon in the global economy*. Pluto Press, pp.102–115.

37. Ghaffari, S. and Del Rey, J. (2020, June 29) The real cost of Amazon. *Vox*.

38. Panzieri, R. (1961). Sull'uso capitalistico delle macchine nel neocapitalismo. *Quaderni rossi, 1*, p. 63.

39. Ellul, J. (1964). *The technological society*. Knopf, p. 25.

40. Panzieri, R. (1961). Sull'uso capitalistico delle macchine nel neocapitalismo. *Quaderni rossi, 1*, p. 61.

41. McLuhan, M. (1964). *Understanding media: The extensions of man*. McGraw-Hill.

42. 这一隐喻的另一使用案例，见 Gordon, E. and Manosevitch，E.(2011). Augmented deliberation: Merging physical and virtual interaction to engage communities in urban planning. *New Media & Society,* 13(1), 75–95.

43. Turner, F. (2009). Burning Man at Google: A cultural infrastructure for new media production. *New Media & Society, 11*(1–2), 73–94.

44. 正念练习对白领阶层的作用，见 Guyard, C., and Kaun, A.(2018). Workfulness: Governing the disobedient brain. *Journal of Cultural Economy*, 11(6),535–548.

45. ABC News Story Lab. (2019). *The Amazon Race*. Retrieved from https://www.abc.net.au/news/2019-02-27/amazon-warehouse-workers-game-

race/10803346?nw=0.

46. 《魔兽》是一款实时战略游戏，玩家通过管理工人和资源来建立军队并击败对手。苦工容易被杀或替换，主要负责砍伐木材、开采黄金和建造建筑物。引自 Anonymous. (2017). Working for Amazon: Better than sex, worse than hell (Part 1). *Naked Capitalism*.

47. Kunda, G. (2009). *Engineering culture: Control and commitment in a high-tech corporation*. Temple University Press.

48. Fisher, C.D. (2010). Happiness at work. *International Journal of Management Reviews*, *12*(4), 384–412.

49. Bakker, A.B., Schaufeli, W.B., Leiter, M.P., and Taris, T.W. (2008). Work engagement: An emerging concept in occupational health psychology. *Work & Stress*, *22*(3), 187–200.

50. Jackson, N., and Carter, P. (2011). In praise of boredom. *Ephemera: Theory & Politics in Organization*, *11*(4), 388–389.

51. Gregg, M. (2018). *Counterproductive: Time management in the knowledge economy*. Duke University Press.

52. Vincent, J. (2021, June 17). Canon put AI cameras in its Chinese offices that only let smiling workers inside. *The Verge*.

53. Tapscott, D. and Caston, A. (1993). *Paradigm shift: The new promise of information technology*. McGraw Hill.

54. 快乐文化中快乐与生产力的关系，见Jackson, N., and Carter, P. (2011). In praise of boredom. *Ephemera: Theory & Politics in Organization*, 11(4), 387–405.

第四章　顾客至上

1.　物流的及时性，见 Cowen, D. (2014). *The deadly life of logistics: Mapping violence in global trade.* University of Minnesota Press.

2.　Amazon (2021). *Our workplace.* Retrieved from www.aboutamazon.com.

3.　Kim, E., and Stewart, A. (2021, May 10). Some Amazon managers say they "hire to fire" people just to meet the internal turnover goal every year. *Business Insider.*

4.　Quoted in Laucius, J. (2018, August 21). The Amazon effect: Will Ottawa's new fulfillment centre create "middle class" jobs? *Ottawa Citizen.*

5.　Gurley, L. (2021, May 11). Amazon rebrands its brutal "megacycle" shift to "single cycle." *VICE.*

6.　Boushey, H. (2016). *Finding time: The economics of work-life conflict.* Harvard University Press; McCrate, E. (2012). Flexibility for whom? Control over work schedule variability in the US. *Feminist Economics,* *18*(1), 39–72; Watson, E. and Swanberg, J. (2011). *Rethinking workplace flexibility for hourly workers: Policy brief.* Georgetown Law, Georgetown University.

7.　可见 Henly, J.R., and Lambert, S.J. (2014). Unpredictable work timing in retail jobs: Implications for employee work–life conflict. *Ilr Review,* 67(3),986–1016.

8.　Chen, J.Y., and Sun, P. (2020). Temporal arbitrage, fragmented rush, and opportunistic behaviors: The labor politics of time in the platform economy. *New Media & Society,* *22*(9), 1561–1579.

9.　Cant, C. (2019). *Riding for Deliveroo: Resistance in the new economy.*

Polity. For an example of slow–down in yet another industry (academia) see Vostal, F., Benda, L., and Virtová, T. (2019). Against reductionism: On the complexity of scientific temporality. *Time & Society*, *28*(2), 783–803.

10. Parker, C. (2017, November 27). Amazon warehouse life "revealed with timed toilet breaks and workers sleeping on their feet." *The Sun*.

11. Allen, S. (2018, July 31). *Some thoughts* [Video]. *YouTube*.

12. Bruder, J. (2019, November 12). Meet the immigrants who took on Amazon. *Wired*.

13. Laguerre, M. (2003). The Muslim chronopolis and diasporic temporality. *Research in Urban Sociology*, *7*, 57–81.

14. 正如亚马逊某前高管所述。See Kantor, J., Weise,K., and Ashford, G. (2021, June 15). The Amazon that customers don't see. *The New York Times*.

15. Slade, G. (2007). *Made to break*. Harvard University Press, p. 5.

16. Elcioglu, E.F. (2010). Producing precarity: The temporary staffing agency in the labor market. *Qualitative Sociology*, *33*(2), 117–136.

17. Tung, I., and Berkowitz, D. (2020, March 6). *Amazon's disposable workers: High injury and turnover rates at fulfillment centers in California*. National Employment Law Project data brief, p. 2.

18. Romano, B. (2020, October 10). Amazon's turnover rate amid pandemic is at least double the average for retail and warehousing industries. *The Seattle Times*.

19. Soper, S. (2020, October 6). Amazon study of workers' COVID is faulted over lack of key data. *Bloomberg*.

20. Mojtehedzadeh, S. (2021, March 21). More than 600 Amazon workers in

Brampton got COVID-19. Why were so few reported to the province? *The Toronto Star*.

21. 如第二章所述。

22. 20 世纪 60 年代意大利工厂的例子，见 Alquati, R. (1975). *Sulla FIAT e altri scritti*. Feltrinelli.

23. 有关亚马逊诸多现象的讨论，见 Semuels, A. (2018, February 14). Why Amazon pays some of its workers to quit. *The Atlantic*.

24. Bezos, J. (2019). *2018 letter to shareholders*. Retrieved from www. aboutamazon.com.

25. Bezos, J. (2014). *2013 letter to shareholders*. Retrieved from www. aboutamazon.com.

26. Taylor, B. (2008, May 19). Why Zappos pays new employees to quit—and you should too. *Harvard Business Review*.

27. Amazon (2021) What is Amazon's Career Choice? Retrieved from www. aboutamazon.com.

28. Alquati, R. (1975). *Sulla FIAT e altri scritti*. Feltrinelli, p. 146.

29. Doeringer, P.B., and Piore, M.J. (1985). *Internal labor markets and manpower analysis*. Routledge.

30. Marx, K. (1867, 1976). *Capital* (Vol. 1). Penguin, pp. 546–547.

31. Lepak, D.P. and Snell, S.A. (1999). The human resource architecture: Toward a theory of human capital allocation and development. *Academy of Management Review*, *24*, 31–48.

32. Wright, M.W. (2006). *Disposable women and other myths of global capitalism*. Taylor & Francis, p. 2.

33. Wright, M.W. (2006). *Disposable women and other myths of global*

capitalism. Taylor & Francis, pp. 25–26.

34. Sterne, J. (2007). Out with the trash: On the future of new media. In: Acland, C. (ed.), *Residual media*. University of Minnesota Press, p. 23.

35. 有关亚马逊积极"生产"工人的信息，见 Salzinger, L. (2003). *Genders in productions: Making workers in Mexico's global factories*. University of California Press.

36. Appadurai, A., and Neta, A. (2020). *Failure*. Polity, p. 2.

37. 因此，正如第三章所述，亚马逊通过监视工人，增加工人的灵活性、适配性和劳动清晰性。他们必须培养数字劳动下的变态美德，见 Gregory, K., and Sadowski, J.(2021). Biopolitical platforms: The perverse virtues of digital labour. *Journal of Cultural Economy*. 手册的具体内容，见 Ongweso, E. (2021, June 1). Amazon calls warehouse workers "industrial athletes" in leaked wellness pamphlet. *VICE*.

38. Sharma, S. (2014). *In the meantime: Temporality and cultural politics*. Duke University Press.

39. Cowen, D. (2014). *The deadly life of logistics: Mapping violence in global trade*. University of Minnesota Press, p. 113.

40. 有关这一现象的评论，见 Gerstel, N., and Clawson, D. (2018). Control over time: Employers, workers, and families shaping work schedules. *Annual Review of Sociology*, 44, 77–97.

41. Appadurai, A., and Neta, A. (2020). *Failure*. Polity.

第五章　重塑想象

1. Montfort, N. (2017). *The future*. MIT Press, p. 4.

2.　关于技术和其他方面的问题，见 Harvey, D. (2005). *A brief history of neoliberalism*. Oxford University Press.

3.　Bezos, J. (2021). *2020 letter to shareholders*. Retrieved from www.aboutamazon.com.

4.　Nicas, J. (2018, March 22). At Mars, Jeff Bezos hosted roboticists, astronauts, other brainiacs and me. *The New York Times*.

5.　Berg, P., Isaacs, P.W., and Blodgett, K. (2016). Airborne fulfillment center utilizing unmanned vehicles for item delivery. US Patent No. 9,305,280.

6.　See www.amazonrobotics.com.

7.　自动化和技术性失业有关内容，见 Wajcman, J.(2017). Automation: Is it really different this time? *The British Journal of Sociology*, 68(1)，119–127. 亚马逊工人的反应，见 Reese, E.,and Struna, J.(2018). "Work Hard, Make History"：Oppression and resistance in Inland Southern California's warehouse and distribution industry. In: Alimahomed-Wilson, J., and Ness, I. (eds.), *Choke points. Logistics workers disrupting the global supply chain*. Pluto Press, pp. 81–95.

8.　Selin, C. (2008). The sociology of the future: Tracing stories of technology and time. *Sociology Compass*, 2(6), 1885.

9.　Johns, A. (2009). *Piracy: The intellectual property wars from Gutenberg to Gates*. The University of Chicago Press, p. 426.

10.　对于这些领域的透彻分析，见 Coombe, R. (1998).*The cultural life of intellectual properties*. Duke University Press.

11.　Burk, D.L., and Reyman, J. (2014). Patents as genre: A prospectus. *Law & Literature*, 26(2), 163–190.

12.　Hetherington, K. (2017). Surveying the future perfect: Anthropology, development and the promise of infrastructure. In: Harvey, P., Morita, A., and Jensen, C.B. (eds.), *Infrastructures and social complexity: A companion*. Routledge, pp. 40–50.

13. Urry, J. (2016). *What is the future?* Polity, p. 189.

14. 研发投资有关内容，见 Szmigiera, M. (2021, March17). Ranking of the 20 companies with the highest spending on research and development in 2018. *Statista*.

15. Rikap, C. (2020). Amazon: A story of accumulation through intellectual rentiership and predation. *Competition & Change*, *0*(0), 1–31.

16. Hartman, P., Bezos, J., Kaphan, S., and Spiegel, J. (1999). Method and system for placing a purchase order via a communications network, US Patent No. 5,960,411. See also Stone, B. (2013). *The everything store: Jeff Bezos and the age of Amazon*. Little, Brown and Company, pp. 76–77.

17. Thomson Reuters (2019, May 13). Amazon to introduce more automated packaging machines. *CBC*.

18. SpekWork. (2018). *GigCo*. Retrieved from http://spek.work/.

19. 关于卢德分子运动的历史及其与当今科技的相关性，见 Sale, K. (1996). *Rebels against the future: The Luddites and their war on the industrial revolution*. Basic Books.

20. Vonnegut, K. (1952). *Player piano*. Scribner.

21. 例如，Theodore Roszak 讨论了小说中对"技术官僚专制主义"的描写内容，而 David Noble 认为 Vonnegut 描述的技术是为了增强而不是取代工人所具备的技能。See Roszak, T.(1994).*The cult of information: A neo-Luddite treatise on high-tech, artificial intelligence, and the true art of thinking*. University of California Press; and Noble, D. (1984). *Force of production: A social history of industrial automation*.

Oxford University Press.

22. Tubaro, P., and Casilli, A.A. (2019). Micro−work, artificial intelligence and the automotive industry. *Journal of Industrial and Business Economics*, *46(3)*, 333–345.

23. Stallman, T., Brady, T.M., Bocamazo, M.R., Borges, M.G., Davidson, H.S., Johnson, A.R., Rodrigues, A.P., and Tieu, M. (2019). Modular automated inventory sorting and retrieving. US Patent No. 10,217,074.

24. Crawford, K., and Joler, V. (2018). *Anatomy of an AI System*. Retrieved from www.anatomyof.ai.

25. See Danaher, J. (2015). The threat of algocracy: Reality, resistance and accommodation. *Philosophy of Technology*, *29*, 245–268; and LeCavalier, J. (2016). *The rule of logistics: Walmart and the architecture of fulfillment*. University of Minnesota Press.

26. Koka, M., Raghavan, S.N., Asmi, Y.B., Chinoy, A., Smith, K.J., and Kumar, D. (2019). Using gestures and expressions to assist users. US Patent No. 10,176,513.

27. Curlander, J.C., Graybill, J.C., Madan, U., Tappen, M.F., Bundy, M.E., and Glick, D.D. (2018). Selecting items for placement into available volumes using imaging data. US Patent No. 9,864,911.

28. McNamara, A.M., Smith, K.J., Hollis, B.R., Boyapati, S., and Frank, J.J. (2019). Color adaptable inventory management user interface. US Patent No. 10,282,695.

29. Bezos, J. (2006). *2005 letter to shareholders*. Retrieved from www.aboutamazon.com.

30. See Lee, M.K., Kusbit,D., Metsky, E., and Dabbish,L. (2015). Working with machines: The impact of algorithmic and data−driven management

on human workers. *Proceedings of the 33rd Annual ACM Conference on Human Factors in Computing Systems*,USA, pp. 1603–1612,Chen, J.(2017).Thrown under the bus and outrunning it! The logic of didi and taxi drivers' labour and activism in the on–demand economy. *New Media & Society*, 20(8), 2691–2711, and Wood,A.,Graham, M., Lehdonvirta,V., and Hjorth, I.(2019). Good gig, bad gig: Autonomy and algorithmic control in the global gig economy.*Work, Employment & Society*, 33(1):56–75.

31. Aneesh, A. (2009). Global labor: Algocratic modes of organization. *Sociological Theory*, *27*(4), 347–370; Danaher, J. (2015). The threat of algocracy: Reality, resistance and accommodation. *Philosophy of Technology*, *29*, 245–268.

32. Mountz, M.C., Glazkov, O., Bragg, T.A., Verminski, M.D., Brazeau, J.D., Wurman, P.R., Cullen, J.W., and Barbehenn, M.T. (2015). Inter–facility transport in inventory management and fulfillment systems. US Patent No. 8,972,045.

33. Madan, U., Bundy, M.E., Glick, D.G., and Darrow, J.E. (2018). Augmented reality user interface facilitating fulfillment. US Patent No. 10,055,645.

34. Panzieri, R. (1961). Sull'uso capitalistico delle macchine nel neocapital–ismo. *Quaderni rossi*, *1*, pp. 53–72.

35. Lopez, G.E., Walsh, P.J., McMahon, J.A., and Ricci, C.M. (2015). Fulfill–ment of orders from multiple sources. US Patent No. 9,195,959.

36. Madan, U., Bundy, M.E., Glick, D.G., and Darrow, J.E. (2018). Augmented reality user interface facilitating fulfillment. US Patent No. 10,055,645.

37. Bettis, D., McNamara, A., Hollis, B., Étienne, F., Boyapati, P., Smith, K.J., and Jones, J.B. (2019). Augmented reality enhanced interaction system. US Patent No. 10,282,696.

38. Panzieri, R. (1967). Lotte operaie nello sviluppo capitalistico. *Quaderni piacentini*, *6*(29), 37.

39. Yarlagadda, P.K., Archambeau, C., Curlander, J.C., Donoser, M., Herbrich, R., O'Brien, B.J., and Tappen, M.F. (2018). System for configuring a robotic device for moving items. US Patent No. 10,099,381.

40. Brady, T.M. (2018). Wrist band haptic feedback system. US Patent No. 9,881,277 B2.

41. Brazeau, J.D., and Mendola, S. (2017). Inventory event detection using residual heat information. US Patent No. 9,767,432.

42. Wellman, P.S., Verminski, M.D., Stubbs, A., Shydo Jr., R.M., Claretti, E., Aronchik, B., and Longtine, J.G. (2017). Robotic grasping of items in the inventory system. US Patent No. 9,561,587.

43. Gupta, B., Aalund, M.P., and Mirchandani, J. (2019). Method and system for tele-operated inventory management system. US Patent No. 10,464,212 B2.

44. 有关虚拟移动的其他例子，见第四章。

45. Rouaix, F., Antony, F.F., Elliott, C.L., and Bezos, J.P. (2017). Light emission guidance. US Patent No. 9,852,394.

46. Wurman, P., Brazeau, J.D., Farwaha, P.S., Holt, R.A., Durham, J.W., Enright, J.J., Glazkov, A., and Holcomb, J.B. (2016). Re-arrange stored inventory holders. US Patent No. 9,452,883.

47. Durham, J.M., Dresser, S., Longtine, J.G., Mills, D.G., Wellman, P.S., and Wilson, S.A. (2019). Amassing pick and/or storage task density for inter-floor transfer. US Patent No. 1,0395,152.

48. On the use of AI for emotional recognition purposes see Crawford, K. (2021).

Time to regulate AI that interprets human emotions. *Nature*, *592*(7853), 167.

49. Newton, C. (2017, June 12). A boredom detector and 6 other wild Facebook patents. *The Verge*.

50. Koka, M., Raghavan, S.N., Asmi, Y.B., Chinoy, A., Smith, K.J., and Kumar, E. (2019). Using gestures and expressions to assist users. US Patent No. 10,176,513.

51. Atanasoski, N., and Vora, K. (2019). *Surrogate humanity: Race, robots, and the politics of technological futures*. Duke University Press; for an analysis of recent automation in the domestic sphere see Fortunati, L. (2018). Robotization and the domestic sphere. *New Media & Society*, *20*(8), 2673–2690.

52. WIRED UK. (2017, May 16). Inside Ocado's distribution warehouse [Video]. *YouTube*.

53. Spiegel, J., McKenna, M., Lakshman, G., and Nordstrom, P. (2013). Method and system for anticipatory package shipping. US Patent 8,615,473 B2.

54. Amoore, L. (2011) Data derivatives: On the emergence of a security risk calculus for our times. *Theory, Culture & Society 28*(6), 24–43. On the predictive nature of algorithms see also Arvidsson, A. (2016) Facebook and finance: On the social logic of the derivative. *Theory, Culture & Society 33*(6), 3–23; and Gillespie, T. (2014) The relevance of algorithms. In: Boczkowski, P., Foot, K., and Gillespie, T. (eds.). *Media technologies: Essays on communication, materiality, and society*. MIT Press, pp. 167–194.

55. LeCavalier, J. (2016). *The rule of logistics: Walmart and the architecture of fulfillment*. University of Minnesota Press.

56. Licklider, J.C.R. (1960). Man–computer symbiosis. *IRE Transactions on Human Factors in Electronics, 1,* 4.

57. LeCavalier, J. (2016). *The rule of logistics: Walmart and the architecture of fulfillment.* University of Minnesota Press, p. 152; on this point see also Autor, D. (2015). Why are there still so many jobs? The history and future of workplace automation. *Journal of Economic Perspectives, 29*(3), 3–30.

58. Mosco, V. (2005). *The digital sublime: Myth, power, and cyberspace.* MIT Press.

59. Wajcman, J. (2017). Automation: Is it really different this time? *The British Journal of Sociology, 68*(1), 119–127.

60. Stubbs, A., Verminski, M.D., Caldara, S., and Shydo Jr., R.M. (2018). System and methods to facilitate human/robot interaction. US Patent No. 9,889,563.

61. 有些人认为，人工智能在社会中的广泛应用产生了的一种新的"非人力量"，这将给工人和资本之间的关系带来重大质变。See Dyer-Witheford, N., Kjosen, A.M., and Stein-hoff, J. (2019). *Inhuman power: Artificial intelligence and the future of capitalism.* Pluto Press, p. 58.

62. Urry, J. (2016). *What is the future?* Polity Press, p. 12.

63. Atanasoski, N., and Vora, K. (2019). *Surrogate humanity: Race, robots, and the politics of technological futures.* Duke University Press, p. 13.

64. Chassany, A. (2016, March 3). Uber: A route out of the French banlieues. *Financial Times.*

65. Noble, S. (2018). *Algorithms of oppression: How search engines reinforce racism.* NYU Press.

第六章　创造历史

1.　Panzieri, R. (1976). *Lotte operaie nello sviluppo capitalistico*. Einaudi.

2.　解体，尤其是与技术有关的解体和数字经济中的斗争，见 Dyer-Witheford, N., Kjosen, A.M., and Steinhoff, J. (2019). *Inhuman power: Artificial intelligence and the future of capitalism*. Pluto Press.

3.　亚马逊的环境政治有关内容，见 Caraway, B. (2020). Interrogating Amazon's sustainability innovation. In: Oakley, K., and Banks, M. (eds.). *Cultural industries and the environmental crisis*. Springer, pp. 65–78.

4.　See Mak, A. (2021, March 2). Amazon's anti-union campaign is going to some strange places. Slate.

5.　不同国家工会的比较分析，见 Alimahomed-Wilson, J., and Reese, E. (2020).*The cost of free shipping: Amazon in the global economy*. Pluto Press。相关内容也可见 Transnational Social Strike (2019). *Strike the giant! Transnational organization against Amazon*. Retrieved from www.transnational-strike.info.

6.　例如，亚马逊联盟和亚马逊工人国际（See www.uniglobalunion.org 和 https://amworkers.wordpress.com）。

7.　CGIL 和 CISL 是意大利最大的工会联合会。

8.　正如 Gent, C. 等人所认为。见 Gent, C. (2020, November 27). How do we solve a problem like Amazon? *Novara Media*.

9.　例如，见 Amazon Workers Collective (2020, October 28). Workers of the world: Salt at Amazon! *Briarpatch*.

10.　See Brecher, J.(2014). *Strike!* PM Press.

11.　这方面的经历，见 Transnational Social Strike (2019). *Strike the Giant!*

Transnational organization against Amazon. 检索自 www.transnational-strike.info.

12. Day, M., Lepido, D., Fouquet, H., and Munoz Montijano, M. (2020, March 16). Coronavirus strikes at Amazon's operational heart: Its delivery machine. *Bloomberg.*

13. Scott, J. (1987). *Weapons of the weak: Everyday forms of peasant resistance.* Yale University Press.

14. 本句引自 Bray 宣布决定的博文。See Bray, T. (2020). Bye, Amazon. Retrieved from www.tbray.org.

15. Karppi, T., and Nieborg, D.B. (2020). Facebook confessions: Corporate abdication and Silicon Valley dystopianism. *New Media & Society*, 1461444820933549.

16. Foucault M. (1978). *The history of sexuality volume I.* Allen Lane.

17. See Smith, B. (2020). Thanks Amazon for scarring me for life. Worker breakdown and the disruption of care at Amazon. *AoIR Selected Papers of Internet Research.* Retrieved from www.aoir.org.

18. 如 Adler-Bell 所述。见 Adler-Bell，S. (2o19). Surviving Amazon. *Logic 8.* Retrieved from www.logicmag.io. 具体例子见 www.reddit.com/r/AmazonFC.

19. See www.axel-springer-award.com.

20. Paul, K. (2019, May 23). Amazon workers demand Bezos act on climate crisis. *The Guardian.*

21. 意大利法律允许正式宣布进入鼓动状态，并在谈判期间为工人行动提供额外的保护。

22. Alimahomed-Wilson, J., and Ness, I. (eds.) (2018). *Choke points. Logistics workers disrupting the global supply chain.* Pluto Press.

23. As described among others by Bernes, J. (2014). *Logistics, counterlogistics and the communist prospect.* Retrieved from www.endnotes.org.uk. See also material produced by the Into the Black Box research collective at www.intotheblackbox.com.

24. 包括在意大利。See Gruppo Nord Est Di Inchieste Dal Basso (2021, February 4). Loffensiva di Amazon nel Nord Est. *Global Project.*

25. 最重要的是雅典娜联盟，See www.athenaforall.org.

26. 数字资本主义内部新出现的抵抗形式，见 Huws，U. (2o14). *Labor in the global digital economy: The cybertariat comes of age.* Monthly Review Press。案例调查见 Delfanti, A., and Sharma, S. (2020). Log out! The platform economy and worker resistance. *Notes from Below*, 8.

27. 这种可能性条件下的情况，见 Van Doorn, L. (2019). On the conditions of possibility for worker organizing in platform−based gig economies. *Notes from Below*, 8.

28. See Cant,C., and Mogno, C.(2020). Platform workers of the world, unite! The emergence of the transnational federation of couriers. *South Atlantic Quarterly*, 119(2),401−411; or Qadri, R. (2020). Algorithmized but not atomized? How digital platforms engender new forms of worker solidarity in Jakarta. *Proceedings of the AAAI/ACM Conference on AI, Ethics, and Society*, p.144.

结　语

1. Liu, W. (2020). *Abolish Silicon Valley: How to liberate technology from capitalism.* Repeater.

2.   Phillips, L., and Rozworski, M. (2019). *People's Republic of Walmart. How the world's biggest corporations are laying the foundation for socialism*. Verso.